全国高职高专规划教材——工学结合教材

现代礼仪实训教程

石建梅　赵　艳　主编

中国环境出版社・北京

图书在版编目（CIP）数据

现代礼仪实训教程/石建梅，赵艳主编．—北京：中国环境出版社，2016.2

全国高职高专规划教材．工学结合教材

ISBN 978-7-5111-2615-3

Ⅰ．①现… Ⅱ．①石…②赵… Ⅲ．①礼仪—高等职业教育—教材 Ⅳ．①K891.26

中国版本图书馆CIP数据核字（2015）第267060号

出 版 人 王新程
责任编辑 黄晓燕 侯华华
责任校对 尹 芳
封面设计 宋 瑞

出版发行 中国环境出版社
（100062 北京市东城区广渠门内大街16号）
网 址：http://www.cesp.com.cn
电子邮箱：bjgl@cesp.com.cn
联系电话：010-67112765（编辑管理部）
010-67112735（环评与监察图书分社）
发行热线：010-67125803，010-67113405（传真）
印 刷 北京市联华印刷厂
经 销 各地新华书店
版 次 2016年2月第1版
印 次 2016年2月第1次印刷
开 本 787×960 1/16
印 张 11.25
字 数 206千字
定 价 20.00元

序　言

工学结合人才培养模式经由国内外高职高专院校的具体教学实践与探索，越来越受到教育界和用人单位的肯定和欢迎。国内外职业教育实践证明，工学结合、校企合作是遵循职业教育发展规律，体现职业教育特色的技能型人才培养模式。工学结合、校企合作的生命力就在于工与学的紧密结合和相互促进。在国家对高等应用型人才需求不断提升的大环境下，坚持以就业为导向，在高职高专院校内有效开展结合本校实际的“工学结合”人才培养模式，彻底改变了传统的以学校和课程为中心的教育模式。

《全国高职高专规划教材——工学结合教材》丛书是一套高职高专工学结合的课程改革规划教材，是在各高等职业院校积极践行和创新先进职业教育思想和理念，深入推进工学结合、校企合作人才培养模式的大背景下，根据新的教学培养目标和课程标准组织编写而成的。

本套丛书是近年来各院校及专业开展工学结合人才培养和教学改革过程中，在课程建设方面取得的实践成果。教材在编写上，以项目化教学为主要方式，课程教学目标与专业人才培养目标紧密贴合，课程内容与岗位职责相融合，旨在培养技术技能型高素质劳动者。

前言

礼仪是在人际交往中，以约定俗成的方式来表现的律己敬人的过程。礼仪是一个人思想水平、文化修养的外在表现，更是一个社会的文明程度、道德风尚的反映。在当今激烈的社会竞争中，礼仪已经演化为一种竞争力，因为它关乎到个人形象和所在组织的社会形象，而形象的竞争是21世纪竞争的核心。不仅于此，礼仪可以让社会更和谐、人民更安定，大力推进新时期社会主义文化强国的建设步伐，重塑中国“礼仪之邦”应有的世界形象。

近年来，随着社会转型和社会改革的推进，人们的价值观和理念逐渐多元化，但是礼仪教育没有得到应有的重视。以应试教育为主的教育系统将更多的关注点放在理论知识的学习和职业技能的培养上，礼仪教育的地位被淡化，重要性被削弱。但在现实社会中，先做好人，才能做好事，类似例子不胜枚举。许多用人单位都抱怨新员工不好用，连基本的接人待物都不懂，更有甚者做出了“道德失范”的行为。高校作为大学生步入社会的最后一道门槛，有必要把在小学和中学阶段“缺位”的礼仪教育课补上。

沉淀于心的尊重意识是礼仪素养，是内容，可以通过内修完成；外化于形的规范做法是礼仪行为，是表达，可以通过塑造实现。礼仪素养和礼仪行为互为支撑，缺一不可。只有“内修”与“外塑”同时兼顾，才能真正做到“尚礼、习礼、行礼”。这才是社会需要的充分社会化的“社会人”。正是基于这样的思考，我们编写了这本《现代礼仪实训教程》。

本书以切实提升学生礼仪素养，规范学生礼仪行为为目的，根据时代要求、用人单位需求与学生的实际情况编写。实用性、操作性、发展性为本书的指导思想，本书分为六大实训项目：个人形象篇之仪容、仪表、仪态、日常交往篇、办公室篇、商务礼仪篇。每个实训项目分解为不同任务。采用“任务驱动”的形式编写，从项目分解出的任务出发，引导学生学习探究，练习升华，直到内化到实际行为中。按照此思路，不同实训项目下设置了知识基础、实训拓展、实训内容、实训操作和案例讨论。根据实训项目的特点，在编写体例上不追求均衡统一，实训内容等也根据教学条件灵活处理。知识基础集中介绍特定项目下的礼仪知识。实训拓展介绍了与知识基础相关的常识，帮助学生开阔眼界，拓宽知识面，加深对礼仪知识的理解与掌握。实训内容根据知识基础设置相关情境，对练习提出具体要求，使学生的实际练习更具可行性和指导性。实训操作安排在动手要求高的项目，参照国家职业技能鉴定的标准，“手把手”地指导学生进行操作练习，如个人形象篇之仪容中的“皮肤的护理”“化淡妆”“卸妆、洁面”以及“实训评分表”。案例讨论列举了现实生活中鲜活的案例，引导学生在学习后进行思考，通过展开讨论达到复习和巩固的目的。

本书具有以下特点:

实用性强：本书不盲目追求教材的系统性和完整性，而是着眼于实际需要，根据编者丰富的礼仪教学经验和礼仪培训经验，挑选了日常工作和生活中接触教多、使用教多的礼仪知识与规范要求，真正突出了手册、指南的特点。

适用面广：本书的内容集中于礼仪最基本和核心的规范，没有明显的专业适用范围限制，不仅适用于文秘、市场营销、旅游管理、电子商务、外贸等专业，所有专业均可适用。

可读性强：本书不仅内容贴近现实，而且淡化理论，语言表达活泼，图文并茂，生动鲜活，能使学生在轻松、有趣的环境下接受新知识，达到有效学习的目的。

教学自学皆可：本书有简练生动的知识介绍和详细具体的实训练习指导，既可以用于学校教学，也可作为企业员工礼仪方面的培训用书和从业人员自学读物及毕业大学生的求职礼仪指导用书。

限于水平和时间，本书的编写存在一定不足，敬请读者批评指正，使教材日臻完善。

编者

2015 年 6 月

目　录

实训项目一　个人形象篇之仪容

任务 1　仪容基本修饰

【知识基础】

仪容，简单地讲是指人体不需要着装的部位，主要是面部。广义上还包括头发、手部，以及穿着某些服装而显露出的腿部。

就个人的整体形象而言，容貌是整个仪表的一个至关重要的环节。它反映着一个人的精神面貌、朝气和活力，既是个人自尊、自爱以及尊重交往对象的体现，也是传达给接触对象感官最直接、最生动的第一信息。良好的仪容能够增强自信，给他人留下美好的第一印象，也关系到个人所在组织的形象。

适当的仪容修饰以及知识与教养的学习，能极大地弥补外在美的缺陷，从而使人具有良好的气质和优雅的风度。

一、仪容卫生

良好个人卫生习惯的养成，不仅是仪容修饰的基础，更关系到个人身体健康，展示对他人的尊重和礼貌。良好的仪容卫生能够给人以端庄、稳重、大方的印象。具体包括以下几个方面。

（一）面部

面部干净、无异物是最基础的要求。包括眼睛清洁、无分泌物，没有红血丝。如果佩戴眼镜，要保持镜片清洁，注意擦拭眼镜的动作不要在他人面前做。鼻毛不外露，勿当众抠鼻子。口唇保持卫生清洁，无食物残留物。保持牙齿清洁。牙齿是口腔的门面，清洁的牙齿是仪容美的重要部分，不洁的牙齿被认为是交际中的障碍。在社交场合进餐后，切忌当着别人的面剔牙，可以用手掌或餐巾纸掩住嘴角，然后再剔牙。如果口腔有异味，必要时，嚼口香糖可以减少异味，但在他人面前嚼口香糖是不礼貌的，特别是与人交谈时，更不应嚼口香糖。

男士一般不留胡须，胡须要剃净；女士应当修剪眉毛，根据场合可适当化妆。一般来说，应以浅妆、淡妆为宜，不能浓妆艳抹，并避免使用气味浓烈的化妆品和香水。

（二）指甲

手是仪容的重要部位。一双清洁没有污垢的手，是交往中最低的要求。在工作和生活中注意保护双手，不使双手红肿、粗糙或皲裂。男士和女士都不能留长指甲，需要经常修剪指甲，修剪为自然的椭圆形，指甲的长度不应超过手指指尖。要保持指甲的清洁，指甲缝中不能留有污垢。女士最好不要涂鲜艳的指甲油。不能用牙齿啃咬指甲。特别注意的是，在任何公共场合修剪指甲，都是不文明、不雅观的举止。

（三）体毛

体毛必须修整。又黑又粗的体毛，需要掩饰。具体来说，鼻毛不能过长，否则有碍观瞻。可以用小剪刀剪短，不要用手拔，特别是不能在他人面前做这些动作。腋毛暴露在他人视线中既不美观更不雅观。应该有意识地避免选择暴露腋毛的服饰。女士在社交活动中穿着无袖衫等，必须先剃去腋毛，以免有损整体形象。在社交和公务场合，男士不得穿短裤，不得挽起长裤的裤管。女士在穿裙装和薄丝袜时，如露出腿毛，应先将其剃掉。

二、美发礼仪

美发，是指对头发进行护理与修饰。其目的在于，使之更加美观大方，并且适合自身的特点。美发礼仪，指的就是有关人们的头发护理与修饰的礼仪规范。美发礼仪是仪容礼仪中不可或缺的一个重要组成部分。因为人们观察一个人往往是“从头开始”的。头发会给他人留下十分深刻的印象。从可操作的角度来讲，美发礼仪主要分为护发礼仪与作发礼仪两个组成部分。前者主要与头发的护理有关，后者则是重点关注头发的修饰问题。

（一）美发护发礼仪

1. 护发礼仪

护发礼仪的基本要求是：职场人士的头发必须保持健康、秀美、干净、清爽、卫生、整齐的状态。要真正达到以上要求，就必须在头发的洗涤、梳理、养护等几个方面做好工作。

（1）重视头发的洗涤

洗涤头发，最好是每日一次，一是为了去除灰垢，二是为了消除头屑，三是为了防止异味，四是为了使头发条理分明。此外，还有助于保养头发。

洗头发，要注意三点：一是水的选择，宜用 40℃左右的温水，水温过低或过高，都对头发有害而无益。而且要注意水质，矿泉水不宜用来洗头。二是洗发剂的使用。洗发剂除了要使用适合自己的发质外，还应具有去污性强、营养柔顺头发、刺激性小、易于漂洗等特点。采用洗发剂洗头，一定要将其漂洗干净。三是要注意洗头之后，最好令其自然晾干。若要使用电吹风将头发吹干，吹风机的温度不宜过高，否则会损伤头发。

（2）重视头发的梳理

蓬乱如草、凌乱不堪的头发，会令人难以接受。所以，每一名职场人士都必须将梳理整齐自己的头发视作自己每天都必须认真操练并经常自查的一项“基本功”。在梳理头发时，应该注意以下三点：

① 选择适当的工具。梳理头发，不宜直接使用手指抓挠，而应当选用专用的头梳等梳理工具。其主要标准是不会伤及头发和头皮。在外出上班时，职场人士最好随身携带一把发梳，以备不时之用。

② 掌握梳理的技巧。梳理头发，不但是为了将其理顺，使之成型，而且也是为了促进头部的血液循环与皮脂分泌，提高头发与头皮的生理机能。要做到这一点，就必须掌握必要的梳理技巧。例如，梳头时用力要适度，不宜过重过猛；梳子与头发可形成一定的角度，以促使头发的形状起伏变化，梳子应向某一个方向同向运动，不宜一再循环往复等。

③ 避免公开的操作。梳理头发是一种私人性质的活动。若是“当众理衣鬓”，在外人面前梳理自己的头发，使残发、发屑纷纷飘落的情景尽落他人的眼底，是极不礼貌的。

（3）重视头发的养护

按照常人的审美标准，每一个人都理当拥有一头浓密的乌发青丝。可是，未必人人都能办到，这就必须重视头发的养护问题。

养护头发应当治表兼治本。“护”，指的是头发的保护。要有意识地使之免予接触强碱或强酸性物质，并尽量防止长时间曝晒。使用洗发剂之后，头发的养分受到一定的损失，致使其干燥、分叉、断裂甚至脱落。为此，可在洗头之后，酌情地采用适量的护发剂。此外，一些质量上好的发乳、发露、发油、发胶以及生发水、亮发蜡等，只要使用得法，也会产生一定的护发作用。

“养”，指的是头发的营养。如果说“护”是治表之法，那么“养”则重以治本。真正要养护好头发，关键还是要从营养的调理与补充等方面着手。一般认为，辛辣刺激之物，若食用过量，将有损于头发。烟、酒对头发的危害尤为严重。如欲减少发屑，应少吃油性大的食物，多吃含碘丰富的食品。欲使头发乌黑发亮，则适宜多吃蛋白质和富含维生素、微量元素的食物，尤其是要多吃核桃一类的坚果，或黑芝麻一类的“黑色食品”。

（二）发型设计

作发礼仪所涉及的，主要是有关头发的修剪、造型等方面的问题。对职场人士来讲，作发礼仪的基本要求是：经过修饰之后的头发，必须庄重、简约、典雅、大方。

1．保持适当的头发长度

在正常情况下，每个人的头发会不断地进行新陈代谢，生长不已。因此，每到一定的时间，人们就必须理发。职场人士在修剪自己的头发时，有三个方面的问题应当引起重视。

（1）应当定期理发

根据头发生长的一般规律，常人在每半个月左右理一次头发最为恰当。每次理发的时间隔不宜长于一个月。有些特殊的时候，例如参加重要的庆典、宴会时，为显示自己郑重其事，特意临时再理一次发，也是非常必要的。

（2）应当慎选理发方式

具体说来，理发又分为剪、刮、洗、染、吹、烫等各种不同的方式。职场人士对其中一些具体方式可以根据个人爱好，进行自由选择。而对其中的另外一些具体方式，则需要三思而行。比方说，将头发染黑是比较正常的，因为它既是“人之常情”，也符合中国人传统的审美习惯。然而若是执意把自己的黑头发染成黄、红、绿、蓝等各色，甚至将其染成数色并存的彩色，则未免与自己的身份不相符。

（3）应当留意头发长度

一般的要求是：既不宜理成光头，也不宜将头发留得过长。为了显示出职场人士的精明干练，同时也是为了方便工作，通常提倡职场男士的发型符合“头发前不覆额，侧不掩耳，后不及领”。

职场女士标准的发型应该是符合“前不过眉，侧不盖耳，刘海不遮眼”。不要随意披散，头发最好盘起或者束起来。显现得体庄重，不过分时尚。

2．塑造美观大方的发型

头发的造型，通常称为发型。发型不仅反映着自己的个人修养与艺术品位，而且还是自己个人形象的核心组成部分之一。职场人士在为自己选定发型时，除了受到个人品位和流行时尚的左右之外，往往还必须对本人的性别、年龄、发质、脸形、身材、职业等因素重点加以考虑。

（1）需要考虑性别

在日常生活中，发型一向被作为区分男女性别的重要“分水岭”之一。虽然近几年来，发型的选择逐渐呈现出日益多元化的倾向，但是以发型而分男女，在职场依旧是一种惯例。

（2）需要考虑年龄

职场人士在为自己选择发型时，必须客观地正视自己的实际年龄。切勿“以不变应万变”，使自己的发型与年龄相去甚远，彼此抵触。举例来说，一位年轻女士若是将自己的头发梳成“马尾式”或是编成一条辫子，可以显现出自己的青春和活力，可若是一位中年女士作出这种选择的话，则不但有“冒充少女”之嫌，而且还会因其与自己的年龄极不协调，而令他人大倒胃口。

（3）需要考虑发质

发质，一般是指头发的性质。选择发型之前，必须要首先了解自己的发质，看其有无可能性。中国人的发质通常被分成硬发、绵发、沙发、卷发四种类型。它们各具自己的特点，对发型的选择也有不同的要求。

① 硬发，它的特点是头发又粗又硬，稠密并富有弹性。尽管它可被用来塑造多种发型，但往往因其粗壮茂密，所以在塑造发型时应重点对其“删繁就简”。

② 绵发，俗称软发。其特点是头发既软又细，不很稠密，弹性也不大。它在造型上难度较大，尤其不宜塑造外观平直的发型，但却适于展示头发之美。例如，这种发质的女士若选择“波浪式”发型，往往效果绝佳。

③ 沙发。它的主要特点是头发干涩稀疏，灰暗无光，并且常呈蓬乱之状。由于此类发质缺陷较多，使头发的直观效果不好，故切勿以之塑造中、长类型的发型。

④ 卷发，又叫“自来卷”。主要特点是长短不一，但却自然地呈现出弯曲之态。这种具有天然之美的发质，几乎可以塑造任何发型。

（4）需要考虑脸形

人的头发生在头顶，下垂到脸旁，因而发型与脸形相辅相成。选择恰当的发型，既可以为自己的脸形扬长避短，更可以体现发型与脸形的和谐之美。具体来讲，不同脸形的人在为自己选择发型时，往往会有一些不同的要求。

圆脸形的人，五官集中，额头与下巴偏短，双颊饱满，可选择垂直向下的发型。顶发若适当丰隆，可使脸形显长。宜侧分头缝，以不对称的发量与形状来减弱脸形扁平的特征。面颊两侧不宜隆发，不宜留头发帘。

方脸形的人，面部短阔，两腮突出，轮廓较为平直。在设计其发型时，应重点侧重于以圆破方，以发型来增长脸形。可采用不对称的发缝、翻翘的发帘来增加发式变化，并尽量增多顶发。但勿理寸头，耳旁头发不宜变化过大。额头不宜暴露，不宜采用整齐平整的发廓线。

长脸形的人，往往会给人以古典感，脸形较美。为其设计发型时，应重在抑“长”。可适当地保留发窜，在两侧增多发容量，削出发式的层次感，顶发不可高隆，垂发不宜笔直。

“由”字形脸的人，额窄而腮宽，俗称三角形脸。在设计发型时，应力求上厚下薄，顶发丰隆。双耳之上的头发可令其宽厚，双耳之下的头发，则可限制其发量，前额不宜裸露在外。

“甲”字形脸的人，额宽而颚窄，俗称倒三角形脸。在作发时，宜选短发型，并露出前额。双耳以下发容量宜适当增多，但切勿过于丰隆或垂直。选择不对称式的发型，效果通常不错。

菱形脸的人，主要特征是颧骨突出。作发时，适于避免直发型，并遮掩颧骨。在作短发时，要强化头发的柔美，并挡住太阳穴。作长发时，则应以“波浪式”为主，发廓轻松丰满。

（5）需要考虑身材

人的身材有高、矮、胖、瘦之别。身材不同的人，在选择发型时，往往会有许多不同的考虑。一般说来，身材高大者，在发型方面往往可以有比较多的选择。他们可以去作直短发，甚至可以理寸头，也可以长发披肩，或是作成“波浪式”。身材矮小者，在选择发型时往往会受到一定的限制。最好是为自己选择短发型，以便利用他人的视觉偏差使自己“显高”，千万不要去作长发型，尤其是女士们不要去作长过腰部的披肩发，否则只会令自己显得更加矮小。身材高而瘦者，可适当地利用某些发型，例如直发、长发或“波浪式”卷发，让自己显得丰盈一些。身材矮而胖者，一般不宜留长发，更不应该将头发作得蓬松丰厚。有可能的话，应作短发型，并且最好露出自己的双耳来。这样可使自己看上去更高一些，而且也可以使自己胖得不过分突出。

（6）需要考虑职业

职场对人员的基本要求是：庄重和保守。新潮发型不适合一般职场。如果职场人员在正式场合以某种“前卫”发型亮相，只会被人等同于不守本分、缺乏主见之辈，而绝对不会为自己赢得好评。在设计与制作发型时，若能对以上几个方面的问题全盘考虑，则必然会使自己的发型既符合惯例，也易于得到他人的认可。

最后，有一点需要特别提及：职场人士不管为自己选定了何种发型，在工作岗位上绝对不允许在头发上乱加装饰物。在一般情况下，不宜使用彩色发胶、发膏。男士不宜使用任何发饰。女士在有必要使用发卡、发绳、发带或发箍时，其色彩宜为蓝、灰、棕、黑，并且不带任何花饰。绝不要在工作岗位上佩戴彩色、艳色或带有卡通、动物、花卉图案的发饰。若非与制服配套，职场人士在工作岗位上不允许戴帽子。各种意在装饰的帽子，如贝雷帽、公主帽、学士帽、棒球帽、发卡帽，或是用于装饰的裹头巾，戴在正在上班的职场人士的头上，都会显得很不相称、很不协调。

任务2 化妆

【知识基础】

爱美之心，人皆有之。天生丽质的人毕竟是少数，大多数人都是相貌平平，甚至有缺点和瑕疵。此时，化妆的存在就很有必要。百度百科对化妆的定义是：运用化妆品和工具，采取合乎规则的步骤和技巧，对人的面部、五官及其他部位进行渲染、描画、整理，增强立体印象，调整形色，掩饰缺陷，表现神采，从而达到美容目的。

也许有人会认为化妆是一种人工美，不够自然和真实，其实化妆的目的就是让美的地方更加突出，将不足之处加以“纠正”和掩饰。让自己的形象看起来更加美好，这在心理学上被称作“自我展示”。适当的化妆可以给他人留下美好的印象，增加个人的自信。

这就如有客人到家中拜访时，主人通常会把家里打扫干净，同样地，在职场生活或者参与社交必须以和悦的脸颜来面对他人，又怎能不稍加修饰呢？

从礼仪的角度来说，公务场合的化妆是工作的需要，是敬业的一种表现；社交场合的化妆，是对主人与他人的一种尊敬。在一定程度上，化妆也体现了社会的进步。

一、化妆的基础知识

（一）脸形

脸形，顾名思义，是指面部轮廓的形状。对人的脸形、五官、比例的掌握是化妆的入门知识。理想的脸形会因性别、种族与时代的不同而有不同的审美标准。

一般来说，常见的脸形包括椭圆形脸、圆形脸、方形脸、倒三角形脸、梨形脸、菱形脸、国字脸 7 类。

① 椭圆形，又叫“鹅蛋脸”，唯美、清秀、端庄、典雅，是传统审美眼光中的最佳脸型，也是最匀称理想的脸型。它的特点是额头与颧骨基本等宽，同时又比下颌稍宽一点，脸宽约是脸长的 2/3。

② 圆形脸，又叫“娃娃脸”，和方形脸一样，都是额头、颧骨、下颌的宽度基本相同，两者最大的区别就是圆形脸比较圆润丰满，有点像婴儿一样，令人感觉年轻有朝气，但容易显得稚气未脱和不信任的感觉，缺乏成熟的魅力。

③ 方形脸，又叫“田字脸”，特点是额头、颧骨、下颌的宽度基本相同，感觉四四方方。方形脸轮廓分明，给人的印象稳重坚强，女人具有国字面型，常被认为缺乏秀丽柔美之感。

④ 心形脸，又叫“倒三角形脸”“甲字脸”“瓜子脸”，特点是额头最宽，下颌窄而下巴尖，给人以俏丽和秀气的感觉，但也容易给人留下单薄、刻薄的印象。

⑤ 梨形脸，又叫“正三角形脸”“由字脸”，特点是额头比较窄，脸的最宽处是下颌，呈现上小下大的正三角，显得富态和威严，但不生动，缺少柔美感。

⑥ 菱形脸，又叫“钻石脸”、“申字脸”，特点是颧骨为脸型最宽处，额头和下颌都比较窄。脸形显得比较狭长和尖锐。菱形脸的人显得机敏精明，但容易给人留下冷淡清高的感觉。

⑦ 长形脸，又叫“国字脸”，特点是脸形纵向感突出，给人抑郁和生硬的感觉，面部缺乏柔和感。

（二）面部的基本比例

凡是符合黄金分割律的构造，在视觉上都会让人产生愉悦的印象。研究脸部美学的人根据以往脸部的研究划分了黄金分割线，也就是脸部的黄金比例。这是判断人面部及五官的比例是否和谐和具有美感的标准。这两大“黄金分割”定律为“三庭五眼”和“四高三低”。

（1）“三庭五眼”

所谓“三庭”即从额头到下巴，脸部平均分为三部分，每部分即为一庭。从发际线到眉毛为上庭，从眉毛到鼻尖为中庭，从鼻尖到下巴为下庭。“五眼”即指横向的面部比例。两眼之间的距离为一眼宽，两眼的外眼角到脸侧的发际线各为一眼宽，加上两只眼睛，共五只眼睛的宽度。如果两眼之间的距离小于一只眼睛，会给人紧张、阴沉的感觉，大于一只眼的距离，则会给人以缺少心机的感觉。但现在也有人认为四个半眼睛的距离最符合当今人们的审美要求。另外，眉毛的眉头正好垂直于内眼角的位置，眉梢的长度正好是在鼻翼至外眼角的延伸线上。大家公认的比较标准的脸形是椭圆形，椭圆脸形的基本比例即为“三庭五眼”。

标准的五官位置是：

① 眉毛在从额头的发际线至鼻底的分界线上。

② 鼻子在脸部的正中部位，即中庭位置。

③ 唇在下庭的中央部位，下唇底线在鼻底至下颚底线的二等份平分线处。

④ 眼在额头发际线和嘴角水平线连接线的 1/2 处。

⑤ 眼宽：双眼之间的距离等于一只眼睛的宽度。

⑥ 鼻宽等于一只眼的宽度。

⑦ 眉长在眼头正上方，眉尾在鼻翼与眼尾相连的延长线上。

（2）“四高三低”

面部轮廓的垂直轴上有“四高三低”。“四高”：第一高为额部；第二高为鼻尖；第三高为唇珠；第四高为下巴尖。“三低”是面部纵向三处凹陷处：第一低为两个眼睛之间鼻额交界处；第二低为唇珠上方的人中沟（美女的人中沟都很深，人中脊明显）；第三低为下唇的下方。

假如一个女孩，其面部轮廓在框架结构上符合“三庭五眼”，而正中垂直轴上又有“四高三低”，横轴上符合“丰”字审美准则，达到以上十几个基本指标，那么这个女孩可以称为“美女”。

在某种程度上，化妆就是尽量使五官比例向这两大“黄金分割”上靠拢。如通过画眉来改善。上挑的、弧度大的眉形能使脸形拉长，平眉能使人脸形变宽，弯眉可减弱脸部的棱角。类似地，颜色深浅不一的粉底霜也可以改变脸形等。

（三）化妆品基本知识

化妆品是指用涂抹、揉擦、喷洒或其他类似方式涂加于人体面部、皮肤表面、毛发、指甲、口腔等处，起到清洁、保养、美化或消除不良气味等作用的产品。

1. 化妆品的分类

① 按产品颜色：有色和无色（如护肤品类）。

② 按产品形态：粉类、膏类、霜类、乳液类、膜类、油状类、胶类、喷雾类等。

③ 按产品用途划分：基础化妆品、美容化妆品、身用化妆品、发用化妆品、口腔用化妆品、芳香化妆品等。

其中，基础化妆品又称为皮肤化妆品，具有清洁皮肤表面，补充皮脂不足，滋润皮肤，促进皮肤新陈代谢等重要作用。基本功能是清洁（洗净、擦洗）、润肤（抗干燥）、保护（抗紫外线、抗氧化等）。如洗面奶、泡沫洗面剂、化妆水、润肤膏、按摩霜、保湿霜、隔离霜等。

美容化妆品用于基础美容、重点美容、指甲化妆，如底霜、口红、胭脂、眼影、眼线笔、眉笔、指甲油、除光液等。

身用化妆品用于浴用、防晒、抑汗、脱色，如香皂、洁肤剂、防晒霜、防晒油、祛臭喷剂、脱色除毛霜等。

2. 化妆品的选择

种类繁多的化妆品会令人眼花缭乱，无从下手。选择适合自己的化妆品必须从了解自己的皮肤入手。

（1）肤质分类

皮肤是人体的最大器官，具有调温、分泌、吸收、代谢、感觉等功能，是天然的保护屏障，是人体健康美丽的基础。皮肤由表皮层、真皮层和皮下组织构成。根据皮脂腺的分泌状况可以把皮肤分为以下几种类型：

- 中性皮肤看起来很健康且质地光滑，有均衡的油分和水分，很少有痘子及阻塞的毛孔。
- 干性皮肤的特征为毛孔细小，表面几乎不泛油光，极易形成表情纹，尤以眼部及唇部四周最为明显。
- 油性皮肤的形成是因为皮脂腺分泌过多油脂，使皮肤油亮，有时在清洁过后数小时皮肤会有黏腻感受，其特征为毛孔较粗大，较易阻塞，且容易长痘子及其他皮肤瑕疵。
- 混合性皮肤看起来很健康且质地光滑，唯在T型区——即额头、鼻子至下巴的区域有些油腻，而两颊及脸部的外缘有一些干燥的迹象。
- 敏感性皮肤易受环境因素及局部涂敷品所刺激，皮肤较薄，可见微细血管。

（2）不同类型肤质的保养及护肤品选择

中性皮肤保养重点：注意清洁、爽肤、润肤以及按摩的周护理。注意补水、调节水油平衡的护理。护肤品选择：依年龄、季节选择，夏天选亲水性的，冬天选滋润性的，选择范围较广。

干性皮肤保养重点：多做按摩护理，促进血液循环，注意使用滋润、美白、活性的修护霜和营养霜。注意补充肌肤的水分与营养成分、调节水油平衡的护理。护肤品选择：多喝水、多吃水果、蔬菜，不要过于频繁地沐浴及过度使用洁面乳，注意周护理及使用保持营养型的产品，选择非泡沫型、碱性度较低的清洁产品、带保湿的化妆水。

油性皮肤保养重点：随时保持皮肤洁净清爽，少吃糖、咖啡、刺激性食物，多吃维生素 B2、B6 以增加肌肤抵抗力，注意补水及皮肤的深层清洁，控制油分的过度分泌，调节皮肤的平衡。护肤品选择：使用油分较少、清爽性、抑制皮脂分泌、收敛作用较强的护肤品。白天用温水洗面，选用适合油性皮肤的洗面奶，保持毛孔的畅通和皮肤清洁。暗疮处不可以化妆，不可使用油性护肤品，化妆用具应该经常地清洗或更换。更要注意适度地保湿。

混合性皮肤保养重点：按偏油性、偏干性、偏中性皮肤分别侧重处理，在使用护肤品时，先滋润较干的部位，再在其他部位用剩余量擦拭。注意适时补水、补营养成分、调节皮肤的平衡。护肤品选择：夏天参考油性皮肤的选择，冬天参考干性皮肤的选择。

过敏性皮肤保养重点：经常对皮肤进行保养，洗脸时水不可以过热或过冷，要使用温和的洗面奶洗脸。早晨可选用防晒霜，以避免日光伤害皮肤；晚上可用营养型化妆水增加皮肤的水分。在饮食方面要注意易引起过敏的食物。皮肤出现过敏后，要立即停止使用任何化妆品，对皮肤进行观察和保养护理。护肤品选择：应先进行适应性试验，在无反应的情况下方可使用。切忌使用劣质化妆品或同时使用多种化妆品，并注意不要频繁更换化妆品，含香料过多及过酸过碱的护肤品不能用，应选择适用于敏感性皮肤的化妆品。

（四）基础化妆工具

化妆过程中用到的基础化妆工具及其用途如下：

化妆棉：沾化妆水，清洁或卸妆使用，有棉花块及无尘式化妆棉两种。

修眉刀：有整支，也有刀片式（一打装卖），修整眉形用。

睫毛夹：上睫毛膏之前，用睫毛夹把睫毛夹翘，使眼睛更明亮，刷睫毛膏后再夹一次，翘度可以更持久。它也分大、小型或局部用三种款式，另有电热型。

眉毛剪：也称外皮剪，就是一般刀口微弯的小剪刀，用来修剪眉毛的长度，也可剪胶纸、假睫毛等。

镊子：前端弯曲尖头镊子，用来夹化妆棉、种植假睫毛等。

棉花棒：呈圆形头的棉花棒用来修饰细微部分，例如晕开眼线、唇线或眉毛，有大小头之分，也可用于卸妆清洁。

削笔器：唇线笔及眼线笔的笔芯因含油脂而柔软易断，需使用削笔器刨尖来使用。

胶带：修剪恰当后可贴出双眼皮，使眼睛变大变亮，好的胶带不会过敏。

面纸：请注意不是卫生纸，作为擦拭、清洁用品。

睫毛胶：用于粘贴假睫毛或装饰物，有些胶黏性不够或太强也不行。

假睫毛：有一整排的，也有一根根的，因为会与眼睛直接碰触，所以要注意清洁，最好是用过即丢。圆眼形的人应选用棉线制的假睫毛，眼皮厚重需要调整时，则用棉混尼龙制睫毛。

海绵类：海绵的种类有天然与人造两种材质，而形状很多，应准备各种不同用途的海绵。例如圆形海绵适合初学者，选择海绵时看海绵孔越细越好，弹性越好的海绵上妆时粉底越自然。三角形海绵适合毛孔粗大者，主要在以尖角部位蘸取液状或霜状粉底擦拭嘴角、眼角和鼻梁处。

粉扑：分大小，较大的用在上全脸蜜粉时，也可准备深色系、浅色系不同蜜粉专门粉扑。

笔刷类：笔刷毛通常是分动物毛与尼龙毛（人造毛）两种，动物毛柔软，不容易分叉与脱毛，也不会伤害肌肤，价格比较贵。所谓动物毛，以马毛、羊毛、貂毛、松鼠毛、猪毛为主，其中羊毛质地最柔软，用来刷蜜粉最佳；猪毛最硬，只能用来刷眉，绝不可用于刷眼皮。人造毛有静电，沾粉时没有附着力，粉末容易掉落，而且毛根是平的，使用时应注意力度，不然会刮伤皮肤。建议初学者选用略硬、毛尾较细、无分叉的笔刷，才不会蘸取过量。笔刷形状依用法（点、线、面）及重点（脸、眼、鼻、眉、口、下巴、颊）的不同而分为平笔与圆笔，例如圆笔主要画弧度，而平笔描画线条，如鼻子、眼睛四周、眉毛等。

眼影刷：选毛质较软，不刺且弹性佳的，有大、中、小三种规格，大号的修饰脸部较深的轮廓，如整个眼窝、鼻侧、脸颊等。中号为尖头有弧度型，易于描绘角度，用在眼皮较宽的范围或眉骨。小号的适合沾深色眼影，可修饰眉形或眼帘部位。

眼线刷：相当细，用来画细致的眼线或眉形。

扇形刷：又称“清道夫”，刷去眼影下多余的眼影粉。

睫毛刷：刷除睫毛上的粉，或将未干的睫毛膏刷开，也可以刷眉毛。

唇刷：分平口及尖圆头两种，需选用毛质有弹性，不要太粗短或太长太软的唇刷。

腮红刷：可多备用几支，橘色系与粉红色系分别专用一支。

影刷：最好用短毛、斜排、毛质稍硬的笔刷。

眉刷：造型分螺旋状及扁平短毛型，猪毛质的较硬也好用。

眼影棒：也称海绵刷，用来画眼影、眉骨，上色比眼影刷来得重。

（五）化妆工具的清洁与更换

与皮肤直接接触的化妆工具需要保持清洁，否则就会和过期变质的化妆品一样，由“美容用品”变身为“毁容凶手”。以下介绍常用的化妆工具的清洁方法。

① 海绵：用于涂抹粉底的海绵，在使用时由于吸收了粉底里的水分而变得潮湿，容易造成细菌的大量繁殖，所以仔细清洗是非常必要的，以保证肌肤的安全健康。如果经常清洗之后与皮肤的触感变得不好，并且边缘呈现破碎的状态，应及时更换。

② 粉扑：粉扑要保持表面蓬松，不要使其表面变硬。在其失去轻柔触感的时候，就需要用香皂清洗一下，让皮肤有轻柔舒适的感觉。粉扑清洗过后，不要用手拧，要用毛巾卷住拧干多余的水分，然后在阴凉处彻底晾干。如果粉扑晾干后变得硬邦邦的，就用手轻轻揉搓一下，如果粉扑无法恢复表面弹性，应予以更换。

③ 海绵棒：清洗的方法与需要更换的状态与海绵相同。

④ 化妆刷：如果是天然毛制成的化妆刷，在每次使用过后马上用纸巾擦干净，一般情况下 3～6 个月洗一次。清洗化妆刷的时候，在温水里放少量的洗发香波，把化妆刷放在水中轻轻地涮，洗干净后用护发素保养一下，然后用水洗干净。用毛巾卷住刷子将其水分拧干，整理一下刷毛使其柔顺，然后在阴凉处晾干。晾干之后用手把刷毛轻轻地揉一下，再用手指弹一弹，使其恢复蓬松状态。

⑤ 唇刷：每次使用之后都要用纸巾把唇刷上多余的唇膏擦拭干净，如果使用不同颜色的唇膏时，就要在纸巾上蘸上唇部清洁霜把唇刷仔细地擦洗一下，然后用蘸了水的纸巾再擦下。由于唇刷的毛很容易掉，不必太用力清洗。

⑥ 眉刷和睫毛梳：睫毛梳在每次使用后用纸巾把残留在上面的睫毛膏擦干净就可以了。眉刷用香皂将它清洗一下。

⑦ 睫毛夹：每次使用之后用纸巾擦去污垢即可。如果睫毛夹上的橡胶垫老化，出现裂纹或是断裂的现象，及时更换橡胶垫，或换新的睫毛夹。

二、化妆

（一）化妆步骤

如下图所示，化妆一般可以分为 10 个步骤：

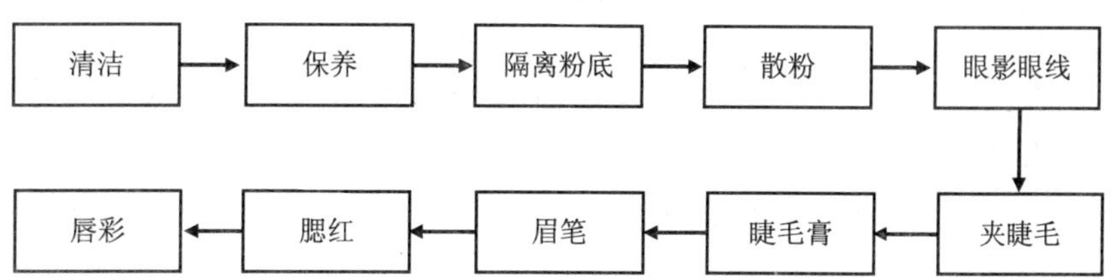

（二）化妆的技巧

1. 底妆

完美妆容最关键的是底妆。在时间允许的情况下，可先敷保湿面膜令皮肤更晶莹亮泽。选择比自己肤色暗一点的，或者跟肤色同色号的粉底液涂抹，隔离霜能够隔离空气中的粉尘、污垢、紫外线的照射，起到保护皮肤的作用，也不要少了这一步骤。再利用粉底在脸上均匀刷上粉底液，来回轻扫，避免留下刷痕，就像是在脸上打上无数的小“X”的感觉，在粉底刷使用完之后可以再用海绵块轻轻按压一下全脸，这样能帮助粉底分布得更均匀，也让整体妆效更加自然通透。

2. 定妆

用粉饼、散粉、蜜粉完成定妆，使妆面看起来干净。先用干粉扑蘸取适量的蜜粉对折揉匀，用手指弹去多余的粉末，均匀地按压在肌肤上，再用大号化妆刷刷去多余的粉末，千万不可遗忘眼角、鼻翼、嘴角这些油脂较重区域。好的蜜粉不仅仅是起到一个定妆吸走油光的效果，更重要的是起到二次修饰作用。

3. 眉毛

人们常说，眼睛是心灵的窗户，那么眉毛就是窗帘；眼睛是人生的一幅画，那眉毛就是画框。眉毛具有美容和表情作用，还可调整脸形，调整眉与眼间的距离。具体来说，眉头能够突出鼻梁，眉峰决定了脸部侧面的印象，眉梢营造出脸部的立体感。

（1）颜色选择

眉毛的颜色应该比头发的颜色稍微浅一些。眉毛淡的人可以选择棕褐色，眉色重的人选择比自己眉毛稍浅一些的深棕色，这样可以给脸部增添一些柔和的感觉。

（2）画眉步骤

用螺旋形的小眉刷对眉毛稍微梳理一下，印象就会有很大的改变。梳理的时候，由眉头到眉梢，由下往上进行全面的梳理，每天坚持这样做，就会使眉毛“定型”。

拿眉笔的时候，手持的部位应该尽量离鼻尖远一些，只有这样，才不会对眉笔施加多余的力量，有利于轻松地描绘出自然优雅的眉形。

眉间有比较稀疏的部位，把眉笔的笔尖轻轻点到那里，然后顺着眉毛的生长方向描，直到把那儿修补好。

眉形由眉头处开始到眉峰为止是渐渐上升的，到眉峰处达到最高，然后由眉峰处至眉梢处下降。理想的眉形应该从眉头开始，沿着眉形越往眉梢处越细，然后自然地消失。如果自身的眉梢较短或是根本看不出眉梢的话，就需要用眉笔顺着眉毛的走势画出一条眉梢来。眉头淡，眉坡深，眉尾要清晰。

用眉笔修补过的部位，要用小眉刷顺着眉毛的方向梳理，把上色处轻轻晕开，然后再对整体进行一下梳理，使整个眉毛颜色均匀自然。

4．眼线

眼部化妆强调眼线和眼影，精致的眼线能够增加眼睛立体感，使眼睛变得神采奕奕。画眼线时，将镜子放在距身体 20 cm 处，眼睛向下看，用无名指把眼皮轻轻向上拉。贴着睫毛根部，从眼睛的 2/3 开始画，分段描画。外眼角拉长。用眼线刷从眼角至眼尾将眼线推匀，使线条自然清晰。用眼线刷晕开眼线，使眼线看起来自然，如果是内双、眼角容易出油的话，建议使用眼线膏。眼线膏的妆容持久度比眼线笔或眼线粉更好些，没有液体眼线那么死板，容易晕染更容易控制。

描画下眼线，选择易上色的黑色眼线勾画在眼尾处，即眼睛的 1/2，更能强调眼睛的力度，内眼睑上下眼线外 2/3 处，然后用小型眼影刷轻晕开。注意眼线的深浅层次，控制得越好妆越漂亮。在眼尾处可以画得稍微重些。最后再用白色眼影画在内眼睑和眼头处，这样眼睛的轮廓会变得更大更明亮。

5．眼影

赋予眼部立体感的眼影的画法有很多种，应根据自己的眼形选择不同的画法。基本的画法有：

（1）眼影外移

特性：用粉状眼影涂抹，在外眼角上方，位置比正常的眼影向外。这样的画法会让外眼角有上扬的效果。

适合类型：眼角下垂、三角眼或双眼距离过近。

① 将眼影粉均匀地涂抹于外眼角。

② 外眼角的下侧也要相应地涂一点，不然会呈现不自然的效果。

③ 用小号眼影刷蘸上深色眼影粉画上一条细细的眼线效果会更好。

（2）眼影内移

特性：用颜色柔和的粉状眼影涂抹，在内眼角上侧，这种画法会有拉近双眼的效果。

适合类型：双眼眼距过远、外眼角过于上扬。

① 将适宜颜色的眼影粉涂在内眼角上方。

② 用眼影刷将眼影自然地向眼睑中间过渡。

③ 用干净的眼影刷把边缘晕开，达到“有形而无边”的效果。

注意眼影的颜色选择要和整体妆容协调。眼部卸妆应该使用专用的眼部卸妆液。

6．睫毛膏

涂睫毛膏是调整眼睛很重要的一个步骤。如果睫毛膏涂得非常整齐、干净，睫毛夹得很翘，这样的眼睛就会显得大很多，也有利于减淡黑眼圈造成的疲态，卷翘的睫毛可以令人看起来更精神。正确的做法是从最外梢—再中间—最后根部的顺序分段式夹睫毛，这样夹的睫毛又自然又卷翘。以走“Z”的手法刷睫毛，不能涂太多睫毛膏，否则睫毛会因为太重而翘不起来。

7．修颜

为调整肤色，使五官看起来比较立体，可以借助修颜液、修颜乳或者修颜粉涂抹在五官的不同部位。如修颜粉包括高光粉和阴影粉。高光粉可以用在鼻梁中间、额头中间、颧骨上方以及下巴中间。阴影粉就是相反的地方了，鼻梁两侧、额头两侧、颧骨下方、脖子与脸之间的骨头那里。巧用粉底液同样达到修颜的效果。在耳际到笑肌的三角区域部位、下颌角部位从后往前刷上深色调修颜粉或比肤色深一号色的粉底液，用修颜的白色调从上至下打亮鼻梁这条线。视觉上营造轮廓感，提升脸形。

8．腮红

为了突出脸色自然红晕的腮红，在颜色上宜选择与肤色相近的色调，一般说来白皙肤色该配以温暖的古铜色或淡粉红的胭脂，圆形脸的人的腮红可用棕色，以达消瘦的效果，而瘦长脸形则可用桃红、粉红等使面部看起来红润丰满。

想拥有自然的双颊妆感，最佳的涂抹方向则是从笑肌处轻轻往外上方斜扫。在脸部“T”字部位及鼻尖、下巴等高光部位轻扫一圈，可以提升全脸气色。

方形脸最重点的修饰就是要让整个面部线条柔和起来。腮红从颧骨上斜向下刷，可以在视觉上造成一个尖下巴的感觉。可先将腮红由颧骨的顶端位置斜向下刷，来修饰突出双颊，再涂抹嫩色腮红提升亲和力。

圆形脸会让人觉得脸大，所以修饰重点就是要塑造一张小脸庞。用深色系腮红由鼻翼向颧骨的方向，斜向外刷。这样颜色可以均匀地向外侧渐次淡去，脸看起来就会比平常要小，再使用橘色系或粉色系腮红提色。

长形脸修饰的重点是要让脸形短一些，所以让焦点锁在笑肌上。刷腮红时，重点针对笑肌。在笑肌上以向内的方式刷上，脸部轮廓看起来就变得较短，接着再使用粉色系腮红，让脸显得圆润些。

9．唇妆

唇妆即唇部的美容化妆。为获得纯正而富有光泽的唇妆，先用小块海绵在嘴唇上一点粉底，可以帮助口红更易推匀，同时还能保持色泽持久。注意嘴角也应由外往里再涂一次，以免有空隙。想让唇部看起来立体感更强，可以在涂唇膏前用唇线勾画嘴唇轮廓，注意将唇线一直描画至嘴角。要避免唇线太过明显，可用唇刷将唇线向内刷开。唇膏直接上色很容易加深唇纹，所以最好用唇刷上唇膏。而且使用唇刷会使唇膏上色更为均匀，尤其是唇刷的细小刷毛可以解决唇本身的纹路、干裂的细缝等问题。浅色的唇膏比深色唇膏难以上色，不妨直接使用唇膏涂抹。无论唇线还是唇膏，都不应涂得太突出或太尖锐，曲线应呈平滑的圆弧形。如果上下唇厚薄不一，应做适当调整。如下唇太薄，要配合上唇修饰得更为丰满；同样，上唇太薄时，也要配合下唇而修整。唇膏涂满后，可用面纸在上下唇之间轻压，以吸去多余的油分。嘴唇完全描画完后，要用各种不同表情、上下左右再确定一次是否完美。

（三）化妆色彩与服饰的颜色协调

着浅色如粉色系列的服装，在化妆时色彩应该素雅，与服装的颜色一致。

着深色单一色彩的服装，可选择邻近或同色系的彩妆搭配。比如着绿色或蓝色服装，可选择对比色系的彩妆，如大红色、橙色来搭配。

着黑、灰、白颜色的服装，可选择较鲜艳、较深、无银光的彩妆来搭配。

着红色系有花纹图案的衣服时，可选择图案中的主要色彩或同色系但深浅不同的色彩来搭配。

着有花纹图案的服装，其中主要色彩是蓝、绿色系，则化妆色彩可采用对比或对比同色系的色彩来搭配。

眼部化妆的色调，可选用与服装相同或对比色来搭配。

最后，注意美容护肤相结合。化妆属于消极美容，适当化妆可以掩饰一些缺陷，增加几分妩媚。但过多或长期使用化妆品，会对皮肤造成不良刺激和一定程度的损伤。适当参加户外体育活动，保持良好的心境，保证充足的睡眠，注意良好的饮食习惯，坚持科学的面部护理，都是一些积极的美容方法。

三、化妆的基本礼仪

根据自己的年龄、脸形、气质等实际条件挑选适当的化妆品与化妆方法。一般来说，化妆礼仪包括以下内容。

1. 妆容遵循“三 W”原则

妆容“三 W”原则，即 When（时间）、Where（场合）、What（事件）。化妆要做到“浓妆淡抹总相宜”。不同场合化不同的妆容，是得体形象的定位与诠释。一般情况下，职场要求工作妆（淡妆），浓妆只有晚上才可以用，外出旅游或运动，不要化浓妆，否则在自然光下会显得很不自然，妆花了更是不雅。

（1）职业妆要领

如果是职业妆，则应记住职业妆应具有较强的包容性，切忌过浓过艳。妆容应讲究精细，以淡雅的色彩为主，既要适于对内外人士近距离的接触与交流，也要能够表现你的品位。

底妆：长时间待在空调房里，室内照明也是冷调的光源。因此，底妆要选择有保湿效果的粉底，色彩也要选择适合冷光的暖色调，健康肤色和小麦色是较好体现生机的粉底色，偏白的象牙色、贵族白最好作为提亮色使用。

眼妆：清晰的眼线可以提亮眼神，还可以强调妆容的职业感。用黑色眼线笔从眼头开始描画出在眼尾微微拉长的眼线，以最容易展现出色泽感的珠光银色眼影为重点，用中号眼影刷刷上下眼睑，清爽的色彩正是利用了清晰的眼线来凸显东方情调和清爽干练的职业感。

睫毛：使用黑色的睫毛膏，其他颜色只会让你显得失礼并且怪异。

颊妆：职业妆的腮红不可浓于唇彩，重点在于利用柔和的色彩使整个妆容更加亮丽，缓和办公室的紧张气氛。

唇妆：使用有透明感的唇彩，可以不用勾勒唇线，选择与自己唇色接近或略深的色泽，轻而薄地涂于唇上。

（2）宴会妆要领

如果是宴会妆，则应明确宴会妆有高贵、优雅、性感、冷艳四个主题。塑造哪一个主题，不仅需要适应相应的场合，还要与你的服饰、气质、风度相配合。晚妆的亮点是眼妆、口红和腮红。

唇妆：强调层次感。除了选择适宜的色泽之外，可以有三个层次感，唇部外延色彩偏重，能帮你打造较好和精细的轮廓感；唇部主体为主体唇色；中部可选择浅色或白色，也可选择富有光泽的唇彩或唇油，营造生动迷人的立体效果。

眼妆：宴会妆较多使用紫色、玫瑰红色、银灰色、蓝色等突出主题的色彩，并较多用带荧光的眼影或用于凸出部的高光色，在晚间的灯光下与有光泽的服饰相辉映，增强表现力。

色彩：通常宴会妆着色较平日更浓重一点，不过切忌走向极端，过于浓艳的女人容易被看成是粗俗与不受欢迎的人。

在正式场合，应当适当化些淡妆，尤其是参加一些外事活动，因为在国外，正式场合不化妆，会被认为是对对方的不尊重，是不礼貌的行为。

2. 勿使妆面出现残缺

化妆的目的就是扬长避短，美化形象，应该努力做到善始善终，维持妆容的完整。残缺的妆容则可能丑化个人形象，给别人留下做事缺乏条理，不善自理的恶劣印象，还不如不化妆。女性应养成保持妆容的自觉性，一般来说，在用餐、饮水、出汗或间隔一段时间后及时为自己补妆。

3．化妆或补妆要避人

化妆展现出来的是美的结果，而不是追求美的过程。在公共场所，当着他人，尤其是异性的面表演化妆技术是非常不雅观的行为。上班期间也是如此，不能在自己的座位上化妆或补妆，哪怕是简单的扑粉底，而应该等到休息时间到化妆室或洗手间去补妆。否则就是将自己视为“花瓶”，还会给他人留下不专心工作，心不在焉的印象。补妆的动作要快，几分钟内解决问题，否则长时间占据洗手间内的面池，孤芳自赏，会影响他人使用，同样是让仪态失分的地方。

4．不要借用他人化妆品

即使是关系亲密的朋友，也不要随便借用他人的化妆品。每个女人的化妆包都具有隐私性，隐藏着各自的喜好和习性，随便使用他人的化妆品，等于侵入他人最隐秘的私人空间，是非常不礼貌的行为。而且，直接接触皮肤的化妆品、化妆用具最易带上个人细菌，出于健康的考虑，也不应使用他人的化妆品，以免造成流行性皮炎。

5．不要非议他人的化妆

不非议他人的化妆包括他人化妆品的价格与好坏，这直接与个人经济消费状况相联系，属于他人的隐私，不应背后议论；也包括他人化妆水平的高低，由于文化、肤色等的差异，包括个人审美观的不同，每个人对于化妆的理解和操作都不可能是一致的。对他人的化妆评头论足实则暴露自己缺乏涵养。

6．妥善保管化妆工具

化妆工具应该有条理地放在化妆包内，以便从容地取出使用。如果一个人妆面干净精致，但是化妆包里却是乱七八糟，各种化妆工具都是脏兮兮的，甚至破败不堪，一则有碍健康，二则透露出主人作风粗俗、生活品质不高，缺乏内在美与外在美统一。

7．男士不要过分化妆

化妆可以令人扬长避短，提升自信心和魅力。将化妆限定为女性特有的行为的观点有些偏激。其实男性的肤质较粗糙，容易受汗斑或暗疮印等瑕疵影响仪容，适当的保养再加上简单的化妆手段，不着痕迹地改善缺点，反而会让他们突出阳刚的男性气息。只是男士的化妆一定要把握好度。脂粉气太浓的话会令人反感。

职场十大彩妆地雷

（1）完全不化妆；
（2）太厚或太白的粉底；
（3）脸部和发际或脖子之间出现色差；
（4）色彩鲜艳的眼影；
（5）刚硬的眉形；
（6）较密的假睫毛；
（7）夸张的腮红；
（8）明显的唇线线条；
（9）过度强调眼睛的重烟熏妆；
（10）脱妆后的脸泛油光。

【实训内容】

项目 1：发型的选择

实训目标：掌握选择发型的基本要领。

实训学时：1 学时。

实训地点：教室。

实训方法：选择若干学生上台展示自己的发型，并说明理由。台下的学生予以点评，提出具体的发型建议。评出三位最佳发型。最后教师总结。

项目 2：皮肤护理

实训目标：了解皮肤类型的自我测试方法，掌握皮肤护理的操作要领。

实训学时：1 学时。

实训地点：化妆室。

实训准备：洗脸盆、毛巾、清洁纸巾、洗面奶等。

实训方法：分小组操作，每组针对一种皮肤类型进行护理，每组中一位同学重点操作，其他同学辅助操作。

项目 3：举行“仪容形象设计展示”

实训目标：综合运用仪容设计的知识和技巧，提高个人仪容设计的基本技能。

实训学时：2 学时。

实训地点：化妆室。

实训准备：化妆盒、棉球、粉底霜、胭脂、眼影、眉笔、唇彩、香水等化妆用品。

实训方法：

① 将全班学生分组，两人一组，要求根据所学的仪容礼仪知识，扬长避短展示出最美丽的妆容。

② 在课堂上分组进行形象展示，最好用数码相机进行拍摄，由学生互评，要求从面部化妆、发型设计方面进行重点评价。

③ 由教师进行总结评价，重点评价各组存在的共性问题。

④ 由教师和全班学生共同评出“最佳表现”妆容。

【实训操作】

操作 1　皮肤的护理

步骤	操作标准	基本要求
洁肤	1. 将脸用温水打湿。 2. 取适量洗面奶于手心，搓至起泡。 3. 由下巴向额头，用手指轻轻地按摩清洗 1～2 分钟。 4. 用清水清洗。 5. 用纸巾或毛巾把多余的水分吸干	1. 手法自下而上“推”皮肤。 2. 忌用毛巾在脸上无规则乱搓
爽肤	1. 取一小块化妆棉，把紧肤水（或收缩水）倒在化妆棉上。 2. 把化妆棉上的紧肤水擦于脸上。 3. 用手轻拍脸颊	1. 手法自上而下。 2. 最好使用质量好的化妆棉
护肤	涂抹护肤霜	1. 清早用日霜。 2. 临睡用晚霜。 3. 夏日户外活动可用防晒霜
特殊护理	1. 深层清洁，使用磨砂洗面奶。 2. 涂面膜。 3. 撕洗面膜。 4. 爽肤和护肤	1. 涂面膜手法由下而上。 2. 撕洗面膜手法由上而下。 3. 每周 1～2 次

操作 2　化淡妆

<table>
<tr><th>步骤</th><th>操作标准</th><th>基本要求</th></tr>
<tr><td>净面</td><td>同“皮肤的护理”中“洁肤”</td><td rowspan="5">1. 眼要自然不着痕，颊宜轻匀。
2. 内容可酌情舍弃或变动次序。
3. 此操作仅适合简单快速淡妆或工妆，用时 10 分钟左右。
4. 不在男士面前化妆</td></tr>
<tr><td>基面化妆</td><td>1. 涂化妆水，用化妆棉蘸取向脸面叩拍。
2. 抹粉底霜，用手指或手掌在脸上点染晕抹。
3. 上粉底,用手指或手掌在脸上点染晕抹,不宜过厚。
4. 扑化妆粉，用粉扑自下而上扑均匀</td></tr>
<tr><td>眼部化妆</td><td>1. 涂眼影。用棉花棒沾眼影色在眼周、眼尾上下眼皮、眼窝处点抹并扫开。手法先上后下至下眼睑的尾部。
2. 描眉。蓝灰色打底，棕色或黑色描出适合的眉形。直线形使脸形显短，弯形使人显温柔。
3. 描眼线。用眼线笔沿眼睫毛底线描画</td></tr>
<tr><td>抹颊红</td><td>用颊红轻染轻扫两颊，以颧骨为中心向四周抹匀。长脸形横打胭脂，圆脸形和方脸形竖打胭脂</td></tr>
<tr><td>涂唇膏</td><td>1. 用唇笔描上下唇轮廓,起调整色泽、改变唇形作用。
2. 涂口红填满</td></tr>
</table>

操作 3　卸妆、洁面

<table>
<tr><th>步骤</th><th>操作标准</th><th>基本要求</th></tr>
<tr><td>眼妆卸妆</td><td>1. 将硬币大小的眼部卸妆液倒在化妆棉上，待其充分吸收。
2. 化妆棉轻敷在眼部的同时用中指和无名指沿眼部弧度轻轻按压，使卸妆液完全溶解眼部彩妆。
3. 用化妆棉沿眼部弧度，由内眼角向外眼角轻轻擦拭眼部。擦拭时手部力度要轻，不可反复涂抹。
4. 将蘸有卸妆液的化妆棉放在下眼睑处，并用棉棒顺着睫毛生长的方向仔细清除睫毛膏。
5. 将上眼睑轻轻提起，并用棉棒沿睫毛根部轻轻擦掉眼线及细微的眼部彩妆残留物。
6. 如果使用的不是防水睫毛膏，便可以用化妆棉或棉片蘸取眼唇专用卸妆液，在眼部轻按 3 秒，让眼妆充分地溶解，然后按照眼皮的纹理，右眼顺时针，左眼逆时针的方向清洁。
7. 卸除防水睫毛膏时，先将面巾纸或化妆棉用剪刀剪成条状，然后用蘸取卸妆液的棉棒，轻轻地在睫毛根处停留 5 秒，最后顺着睫毛从上而下清理。下睫毛和下眼线可用棉花棒蘸取眼部卸妆液做局部清洁</td><td rowspan="2">1. 戴隐形眼镜或眼睛容易过敏的人，一定要选择温和而不刺激的卸妆液。
2. 在使用水油双层的眼唇专用卸妆液时，一定要在用前充分摇匀</td></tr>
<tr><td>眉妆卸妆</td><td>用蘸有卸妆水的棉签轻轻擦拭</td></tr>
</table>

步骤	操作标准	基本要求
唇妆卸妆	1. 用面纸按压嘴唇，吸收唇部化妆品里的油分。 2. 用化妆棉蘸取眼唇专用卸妆液，微笑使唇纹舒展，轻敷双唇数秒。 3. 等卸妆液溶化唇部妆容后，由嘴角开始往内擦拭，注意方向是往内转动，由外围向唇部中心垂直卸妆，不要来回搓	卸妆后应使用润唇膏保护唇部，避免唇纹加深。将用保湿化妆水或保湿液蘸湿的化妆棉敷在唇部，约 10 分钟即可
脸妆卸妆	1. 保持手部与脸部干燥，取适量的卸妆乳，用化妆棉或指尖均匀地涂于脸部、颈部，以打圈的方式由内向外地轻轻推开至全脸。 2. 鼻子以螺旋状由外而内轻抚，卸除脖子的粉底要由下而上清洁。 3. 脸上的彩妆彻底卸去后，用 40℃温水清洁面部，使卸妆油彻底乳化。 4. 用清水冲净后，应再用性质温和的洗面奶洗脸，进行第二次清洁	1. 不能一边卸妆一边按摩，避免将浮出的化妆品又塞回毛孔中。先将卸妆乳液清除掉，再以洁面产品或按摩霜来按摩。使用卸妆乳液后，再用洁面产品清洗一次。在选用产品时，最好使用同一品牌的系列产品。 2. 敏感皮肤者应选择不含酒精、香料、色素等化学成分，且性质温和的卸妆产品，且卸妆时间不宜过长。 3. 使用化妆棉卸妆时，可将化妆棉对折两次，用完一面再换干净的一面擦拭，既节省了化妆棉又可提醒自己

实训评分表

考核项目	操作要求		满分	得分
整体造型（20 分）	发型符合个人的脸形与气质		5	
	服饰大方、协调整齐		5	
	妆面设计与造型意图吻合		10	
化妆过程（80 分）	面部化妆（20 分）	粉底薄厚均匀，皮肤质感好	5	
		妆面干净，对称、牢固	5	
		脸形修饰得当，腮红干净	5	
		色彩搭配合理	5	
	眼部化妆（20 分）	眉形符合脸形	5	
		眼影与衣服颜色搭配	5	
		眼线勾画线条流畅	5	
		睫毛膏均匀、自然	5	
	唇部化妆（10 分）	唇形清晰、唇色自然美观	10	
	整体效果（20 分）	层次过渡自然	5	
		五官轮廓清晰	5	
		比例均匀，有立体感	10	
总分			100	

【案例讨论】

案例一

刘孟璐，某高校文秘专业高才生，毕业后就职于一家公司做文员。为适应工作需要，上班时，她毅然放弃了校园的“少女妆”，化起了整洁、端庄的“白领丽人妆”：自然的粉底液，贴合脸形与气质的眉毛，与服装色系搭配的灰度高偏浅色的眼影，紧贴上睫毛根部描画的灰棕色眼线，刷上淡淡的黑色睫毛膏，再加上自然的唇型和橘色唇色。整个妆容清爽自然，“妆成有却无”，尽显自信、成熟、干练的气质。但在公休日，她也会改变形象，给自己来个大变脸，化起了久违的“少女妆”：粉蓝或粉绿、粉红、粉黄、粉白等颜色的眼影，彩色系列的睫毛膏和眼线，粉红或粉橘的腮红，自然系的唇彩或唇油，看上去娇嫩欲滴，鲜亮淡雅，看上去令人备感轻松。心情好，自然工作效率就高。一年来，刘孟璐以自己得体的外在形象、勤奋的工作态度和骄人的业绩，赢得了公司同仁的好评。

请评价案例中刘孟璐的两种妆容。

案例二

某公司总经理施先生为开拓新市场，下榻于惠州某星级饭店。经过连续几天的工作，终于圆满完成任务。在返程之前，施先生与几位分公司领导和来宾打算庆祝一下。当他们来到餐厅，接待他们的是一位年轻的女服务员，接待服务工作做得不错，可是她面无血色显得无精打采，令人看后感觉心情不太好。仔细留意才发现，这位服务员没有化工作淡妆，在餐厅昏黄的灯光下显得病态十足。开始上菜时，施先生突然发现传菜员右手大拇指上涂得鲜红的指甲油缺了一块，施先生的第一个反应是：那半块指甲油是不是掉进我的菜里？一直担心这件事，这顿饭吃得施先生心里很不舒服。最后，他们喊服务员结账，可柜台内的服务员一直盯着手中的小镜子在修饰自己的妆容，丝毫没有留意到顾客的需要，喊了好几次才反应过来。施先生对该饭店的服务十分不满。

请指出案例中服务员在仪容上存在的问题。

实训项目二　个人形象篇之仪表

任务1　服装

【知识基础】

仪表，指一个人的外表。它是一个人总体形象的统称，除了容貌、发型外，还包括人的服饰。

服装是人形体的外延。在人际交往中，服装被视为人的“第二肌肤”，既可以遮体御寒，发挥多种实用性功能，又可以美化人体，扬长避短，展示个性，发挥多种装饰性功能。在正式场合，服装还具有反映社会分工，体现地位身份差异的社会性功能。因此，在社交场合，一个人穿什么，直接关系到别人对他的个人形象评价。就像莎士比亚曾经说：“一个人的穿着打扮就是他教养、品位、地位的最真实的写照。”西方服装设计大师认为：“服装不能造出完人，但是第一印象的80%来自于着装。”

应根据自身的特点和特定场合的需要选择服装，遵循一定的服装礼仪原则，为自己选择一套得体协调的服装。

一、服装礼仪的原则

（一）整洁原则

整洁原则是指保持服装的整齐干净，这是服饰打扮的一个最基本的原则。一个穿着整洁的人总能给人以积极向上的感觉，并且也表示出对交往对方的尊重和对社交活动的重视。整洁原则并不意味着时髦和高档，只要保持服饰的干净合体、全身整齐有致即可。

（二）个性原则

个性原则是指社交场合树立个人形象的要求。不同的人由于年龄、性格、职业、文化素养等各方面的不同，自然就会形成各自不同的气质。在选择服装进行服饰打扮时，不仅要符合个人的气质，还要突现出自己美好气质的一面，为此，必须深入了解自我，正确认识自我，选择自己合适的服饰，这样，可以让服饰尽显自己的风采。要使打扮富有个性，还要注意：首先，不要盲目追赶时髦，因为最时髦的东西往往没有持久的生命力。其次，要穿出自己的个性，不要盲目模仿别人，不考虑自己的综合因素。

（三）TPO 原则

TPO 原则，是国际通行的服装搭配原则，是指人们选配和穿着服装时必须考虑时间（Time）、地点（Place）和场合（Occasion）三个基本因素。

1．时间

一年有四季，四季的着装不同；一天分昼夜，昼夜的着装有异；一个星期有 7 天，5 天工作、2 天休息，所着服饰也不会一样。需要特别注意的是，白天工作或休闲所穿的服饰，与晚上进行社交活动时所穿的服饰有很大差别。不同时段的着装规则对女士尤其重要。男士有一套质地上乘的深色西装或中山装足以包打天下，而女士的着装则要随时间而变换。白天工作时，女士应穿着正式套装，以体现专业性；晚上出席鸡尾酒会就须多加一些修饰，如换一双高跟鞋，戴上有光泽的佩饰，围一条漂亮的丝巾；服装的选择还要适合季节气候特点，保持与潮流大势同步。在涉外活动中，更要重视这一点。

2．地点

地点的变化也会影响着装。在工作单位应该穿正装，会显得专业；但如果把正装穿到休闲场合，就显得不伦不类。外出时要顾及当地的传统和风俗习惯，如去教堂或寺庙等场所，不能穿过露或过短的服装。

3．场合

衣着要与场合协调。公务场合的气氛是严肃的，讲究高效率地工作。所以，公务场合的着装，要简洁、明快，适宜工作。如与顾客会谈、参加正式会议等，衣着应庄重考究；听音乐会或看芭蕾舞，则应按惯例着正装；社交场合的着装应该高雅、漂亮、时尚。男性可以着深色西装、中山装或近年流行的“唐装”。女性可着连衣裙、套裙。参加晚间的盛宴、舞会、音乐会等活动，可穿单色的晚服或旗袍；而在朋友聚会、郊游等场合，着装应轻便舒适。试想一下，如果大家都穿便装，你却穿礼服就有欠轻松；同样地，如果以便装出席正式宴会，不但是对宴会主人的不尊重，也会令自己颇觉尴尬。

（四）和谐原则

各类服装必须与自身的形象相配合，才会给人以和谐得体的感觉。自身形象既包括自然形象，如高矮胖瘦等；也包括社会形象，如所从事工作所需的职业形象。

个人的自然形象主要包括体型与年龄。俗话道“三分长相，七分打扮”，根据自身的年龄，把握自己的身材特点，扬长避短，让服装帮助我们弥补缺憾。

1. 配合体形

衣不合身会给人留下可笑的印象，每个人均要明了自己体形的优点和缺点，不要强撑。亚洲人常见的身材包括沙漏形、长方形、椭圆形、正三角形、倒三角形五种，每种都有适合自己的服装搭配。

（1）沙漏形身材

此种身材的特征是肩与臀的宽度接近，腰部有一定曲线，是亚洲女性较为常见的体形。沙漏形身材可以打造松紧有度的廓型，展现曲线。强调腰线的款式，可以很好地显瘦。

上装：露出腰的都适合，如短款外套，紧身 T 恤都没问题。

下装：修身款低腰牛仔会非常适合。千万不要选择没形的下装，长度在腿部最粗位置的裙装也要避免。

鞋子：沙漏形身材与细高跟鞋简直是天生一对，每种款式都能驾驭。笨重的粗跟不要尝试。

（2）长方形身材

此种身材是典型的无曲线身材，“上下一样粗”，或许整体看来并不算胖，但因为腰部线条不够明显，使上半身缺乏柔和的美感。

上装：延长肩部线条的一字领和收腰款式都适合，宽松上衣绝对是禁忌，除非想让自己看起来更扁平。

下装：包臀裙是不错的选择，尽量选择高腰款式，让视线集中在突出的臀部线条，看起来就婀娜多姿。

鞋子：无论平跟还是高跟都会看起来很美，但一定请放弃超高跟，因为那会令人摇摇欲坠。

（3）椭圆形身材

此种身材的特征是有圆润凸起的腹部，腰部的宽度大于肩部与臀部的宽度。椭圆形的人可以通过制造胸位线来遮掩腹部曲线。高腰位线的服装也可以优化身型。

上装：外套能遮住身上的肉是最好不过了，若是单穿的宽松上衣，露出锁骨的大圆领更显瘦。

下装：此种身材一般下肢比较瘦，修身的下装能让人们只关注这种身型的优点，那就是纤细的双腿。

鞋子：不要冒险去选择一双小巧的细跟尖头鞋，粗跟和圆头相反更适合。

（4）三角形身材

此种身材的明显特征是肩比臀窄，有溜肩的可能。此体型脂肪分布不平衡，脂肪通常堆积在臀部、腹部与大腿处。适宜“上松下紧”或“上浅下深”的搭配原则。

上装：横条纹会让上身看起来比较宽，但是却非常适合三角形身材，它会令上半身不那么窄。

下装：深色的阔腿裤，直筒裤都是不错的选择，只要别突出本来就宽大的臀部，一切都会很协调。

鞋子：高跟鞋会令腿变得修长，这样别人就自然不会把目光放在面积最宽的身体中部。

（5）倒三角形身材

此种身材的特征是宽肩窄臀，脂肪通常分布在身体的上半部分，可能整体身材有上宽下窄的视觉效果。在修饰中主要要注意弱化肩宽，视觉宽臀，达到身材的平衡和美观。

上装：不要选择那些袖子带有装饰感的上衣，除非想让自己的上半身看起来更宽更粗壮。

下装：蓬松的下装可以修饰过窄的胯部，比如伞摆裙和灯笼裤，调整胯部和肩部的比例是重点。

鞋子：选择夸张色彩的鞋比浅色更适合，适度转移上半身注意力，才不会造成头重脚轻的错觉。

2．配合年龄

穿衣切忌忽略年龄的配合。经常看见一些外表看似三十岁的女性，还穿着有蝴蝶结的服装，或者印满俏皮英文字母的T恤等，给人老天真的感觉。相反，一些只有二十出头的女孩，却经常穿黑色为主调的服装，认为带有神秘感，却把青春掩藏了。

3．配合身份

选择服装时既符合经济原则，又不要带人突兀感。在办公室，太寒酸或太高贵的服装都不宜穿，尤其是千万别穿比上司服装名贵的。与不同身份的人接触，也有不同的穿着技巧，既要配合自己的身份，也要配合对方的身份，这样会有助于彼此的沟通。与性格开朗的人接触，宜穿颜色较鲜明的衣服；对方若是较保守严肃的，应穿颜色较低调、款式较保守的服装；与公司职位较高的人会晤，宜穿较老成的服装，表示成熟个性。

二、男士西服礼仪

西装，顾名思义，西式制服，是男士的正装、礼服。它是一种国际性服装，穿起来给人一种彬彬有礼、潇洒大方的深刻印象，所以现在越来越多地被用于正式场合，也是商务人士必备的服饰之一。在各种类别的服装中，男子穿西装的讲究最多，有必要了解穿着西服的基本规范和礼仪要求。

（一）“三个三”原则

在商务交往和正式社交场合中，男士着西装应遵循“三个三”原则，恰当地体现自身的身份和品位。

① 三色原则：正式场合，着西装套装全身上下不超过三种颜色。

② 三一定律：着西装正装，腰带、皮鞋、公文包应保持同一颜色，首选色为黑色。

③ 三大禁忌：西装左袖的商标没有拆；穿白色袜子、尼龙袜子出现在正式场合；领带的打法出现错误。

（二）西服的选择

1．西装的款式

按西装的件数来划分，西服可以分为两种：第一，套装西装（正装），包括两件套（上装和下装），三件套（上装、下装、西装背心）；套装要求上下装面料、色彩一致，套装如作正式交际场合的礼服用，色调应比较深，最好用毛料制作；第二，单件西装（简装）。按西装的纽扣来划分，西服可以分为单排扣西装（1 粒、2 粒、3 粒）和双排扣西装（2 粒、4 粒、6 粒）；单排扣 2 粒和双排扣 4 粒最为正规，较多地用于隆重、正式的场合。

按适用场合不同来划分，西服可以分为正装西装和休闲西装，前者适合正式场合，后者适合非正式场合，如外出游玩、购物等，可以搭配其他色调和面料的裤子。

2．西服的颜色

蓝色西服给人以成熟稳重、端庄明亮的印象，在商务活动中最受欢迎。深蓝色西服是商务西装的基本色，可以搭配出不同的风格，不论是在欢快、娱乐的场合，还是比较庄重的场合，都可以穿着。并且深蓝色西服能搭配任何一种颜色的领带，所以十分适合初次接触西装的职场新人。但是由于颜色单纯，没有任何装饰，整体品质很容易被人看出来，因此在衣服的材质上要特别注意。

灰色通常被当作较保守的颜色，带有温和的气质，所以灰色西服常给人以成熟典雅的感觉。灰色西装在花纹、材质上都有着相当丰富的变化，是难以取舍的主流样式。事实上，灰色西装也是穿着频率极高的西装。在搭配上和深蓝色西装没有太大差别，很适合搭配色彩对比强烈的领带。

蓝色、灰色都是商务西装的基本色，但穿黑色西装的人也越来越多，由于黑色能给人流行和时髦的感觉，在 20～35 岁的年轻人中相当受欢迎。但在西方礼仪中，纯黑色西装主要用的场合是：礼服场合，婚丧礼场合，还有特殊的制服场合。所以黑色西服被看成是社交礼服。面试或工作时纯黑色西装不是好选择。黑色西装材质的好坏也很容易分辨出来，所以在材质选用上要特别注意。

3. 西服的图案

在西服的穿着中，讲究“两个单色，一个图案”。也就是说，在西服套装、衬衣、领带中，最少要有两个单色，最多一个图案。另外，这三件中最好有一种颜色跳出来。

（三）西装的穿着

1. 西装的扣子

西装的扣子有单排扣与双排扣之分。单排扣有 1 粒、2 粒、3 粒；双排扣有 2 粒、4 粒和 6 粒。

西装的驳领上通常有一只扣眼，这叫插花眼，是参加婚礼、葬礼或出席盛大宴会、典礼时用来插鲜花用的，在我国人们一般无此习惯。

单排扣的西装穿着时可以敞开，也可以扣上扣子。照规矩，西装上衣的扣子在站着的时候应该扣上，坐下时才可以敞开。单排扣西装的扣子并不是每一粒都要系好的：单排扣 1 粒的扣与不扣都无关紧要，但正式场合应当扣上；2 粒的应扣上上面的一粒，底下的一粒为样扣，不用扣。3 粒扣子的扣上中间一粒，上下各一粒不用扣，或者扣上面 2 粒。

双排扣的西装要把扣子全系上。双排扣西装最早出现于美国，曾经在意大利、德国、法国等欧洲国家很流行，不过现在已经不多见了。现在穿双排扣西装比较多的应当数日本了。

西装背心的扣子。西装背心有 6 粒扣与 5 粒扣之分。6 粒扣的最底下的那粒可以不扣，而 5 粒扣的则要全部都扣上。

2. 西装的口袋

西装讲求以直线为美。所以，西装上面有很多口袋为装饰袋，是不能够装东西的。男性也有许多小东西，如果在穿西装时不注意，一个劲地往口袋里装，弄得鼓鼓囊囊，那么肯定会破坏西装直线的美感，这样既不美观，又有失礼仪。

上衣口袋。穿西装尤其强调平整、挺括的外观，要求线条轮廓清楚，服贴合身。这就要求上衣口袋只作装饰，不可以用来装任何东西，但必要时可装折好花式的手帕，起装饰作用。不宜插钢笔或放置其他东西。

西装左胸内侧衣袋，可以装票夹（钱夹）、小日记本或笔。

右侧内侧衣袋，可以装名片、香烟、打火机等。

裤兜也与上衣袋一样，不能装物，以求裤型美观。但裤子后兜可以装手帕、零用钱等。

此外，把两手随意插在西装衣袋和裤袋里，也是有失风度的。

如要携带一些必备物品，可以装在提袋或手提箱里，这样不但看起来干净利落，也能防止衣服变形。

3. 衬衫

与西装配套的衬衫应为“正装衬衫”。一般来讲，正装衬衫具有以下特征：

（1）面料

应为高织精纺的纯棉、纯毛面料，或以棉、毛为主要成分的混纺衬衫。条绒布、水洗布、化纤布、真丝、纯麻皆不宜选。

（2）颜色

必须为单一色。在正式交际场合，衬衫的颜色最好是白色。蓝色、灰色、棕色、黑色亦可；杂色、过于艳丽的颜色（如红、粉、紫、绿、黄、橙等色）有失庄重，不宜选。

（3）图案

以无图案为最佳，有较细竖条纹的衬衫，有时候在商务交往中也可以选择。

（4）领型

以方领为宜，扣领、立领、翼领、异色领不宜选。衬衫的质地有软质和硬质之分，穿西装要配硬质衬衫。尤其是衬衫的领头要硬实挺括，要干净，不能太软，或满是油迹斑斑，否则最好的西装也会被糟蹋。

（5）衣袖

正装衬衫应为长袖衬衫。

（6）穿法讲究

衬衫应该合体，当你试穿一件新衬衫时，系上最上一粒纽扣，如果能伸进去一到两个手指，就是较合适的，否则不是过紧就是过松。

① 衣扣：衬衫的第一粒纽扣，穿西装打领带时一定要系好，否则松松垮垮，给人极不正规的感觉。相反，不打领带时，一定要解开，否则给人感觉好像忘记了打领带似的。再有，打领带时衬衫袖口的扣子一定要系好，而且绝对不能把袖口挽起来。

② 袖长与领长：衬衫的袖口一般以露出西装袖口以外 1.5 cm 为宜。这样既美观又干净，但要注意衬衫袖口不要露出太长，那样就是过犹不及。衬衫领应高出西装领 1 cm 左右。

③ 下摆：衬衫的下摆不可过长，而且要塞到裤子里否则会给人一种不伦不类，很不正规的感觉。

④ 不穿西装外套只穿衬衫打领带仅限室内，而且正式场合不允许。

4．领带（内容见任务 3）

5．西裤

因西装讲究线条美，所以西裤必须要有中折线。熨烫和挂放时应注意中折线的维护。西裤长度以前面能盖住脚背，后边能遮住 1 cm 以上的鞋帮为宜，过短或过长都是不得体的表现。不能随意将西裤裤管挽起来。

6．皮鞋

穿整套西装一定要穿皮鞋，不能穿旅游鞋、便鞋、布鞋或凉鞋，否则会显得不伦不类。在正式场合穿西装，一般穿黑色或咖啡色皮鞋较为正规。但需要注意的是，黑色皮鞋可以配任何颜色的西装套装，而咖啡色皮鞋只能配咖啡色西装套装。白色、米黄色等其他颜色的皮鞋均为休闲皮鞋，只能在游乐、休闲的时候穿着。系带的皮鞋为职场要求。

7．袜子

穿整套西装一定要穿与西裤、皮鞋颜色相同或较深的袜子，一般为黑色、深蓝色或藏青色，绝对不能穿花袜子或白色袜子。

另外，男士袜子的质地一般以棉线为宜，长度要高及小腿部位，不然坐下后露出皮肤，非常不雅观。

男士西装十忌

①忌西裤短，标准的西裤长度为裤管盖住皮鞋。
②忌衬衫放在西裤外。
③忌衬衫领子太大，领脖间存在空隙。
④忌领带颜色刺目。
⑤忌领带太短，一般领带长度应是领带尖盖住皮带扣。
⑥忌不扣衬衫扣子就佩戴领带。
⑦忌西服上衣袖子过长，应比衬衫袖短 1 cm。
⑧忌西服的上衣、裤子口袋内鼓鼓囊囊。
⑨忌西服配运动鞋。
⑩忌皮鞋和鞋带颜色不协调。

三、女士职业套裙礼仪

（一）女士着装的基本原则

1. 整洁平整

服装并非一定要高档华贵，但须保持清洁，并熨烫平整，穿起来就能大方得体，显得精神焕发。整洁并不完全为了自己，更是尊重他人的需要，这是良好仪表的第一要务。

2. 色彩技巧

不同色彩会给人不同的感受，如深色或冷色调的服装让人产生视觉上的收缩感，显得庄重严肃；而浅色或暖色调的服装会有扩张感，使人显得轻松活泼。因此，可以根据不同需要进行选择和搭配。

3. 配套齐全

除了主体衣服之外，鞋袜、手套等的搭配也要多加考究。如袜子以透明近似肤色或与服装颜色协调为好，带有大花纹的袜子不能登大雅之堂。正式、庄重的场合不宜穿凉鞋或靴子，黑色皮鞋是适用最广的，可以搭配任何服装。

4. 饰物点缀

巧妙地佩戴饰品能够起到画龙点睛的作用，给女士们增添色彩。但是佩戴的饰品不宜过多，否则会分散对方的注意力。佩戴饰品时，应尽量选择同一色系。

佩戴首饰最关键的就是要与整体服饰搭配统一起来。

（二）职业套裙礼仪

所有适合职业女士在正式场合穿着的裙式服装中，套裙是首选。它是西装套裙的简称，上身是女式西装，下身是半截式裙子。也有三件套的套裙，即女式西装上衣、半截裙外加背心。

套裙，可以分为两种基本类型。一种是女式西装上衣和裙子成套设计、制作而成的“成套型”或“标准型”。另一种是用女式西装上衣和随便的一条裙子进行自由搭配组合成的“随意型”。

1. 套裙的选择

一套在正式场合穿着的套裙，应该由高档面料缝制，上衣和裙子要采用同一质地、同一色彩的素色面料。在造型上讲究为着装者扬长避短，所以提倡量体裁衣、做工讲究。上衣注重平整、挺括、贴身，较少使用饰物和花边进行点缀。裙子要以窄裙为主，并且裙长要到膝或者过膝。

色彩方面以冷色调为主，以体现着装者的典雅、端庄和稳重。藏青、炭黑、茶褐、土黄、紫红等稍冷一些的色彩都可以。这些颜色传递给人的感觉是：成熟、能干、自信、沉着，这些都是职业女性最应具备的素质。这些颜色的外套也容易与其他颜色的衬衣相配。最好不选鲜亮抢眼的。有时两件套套裙的上衣和裙子既可以是一色，也可以是上浅下深或上深下浅等两种不同的色彩，这样形成鲜明的对比，可以强化它留给别人的印象。

有时候，穿着同色的套裙，可以采用和不同色的衬衫、领花、丝巾、胸针、围巾等衣饰来加以点缀，显得生动、活跃。另外，还可以采用不同色彩的面料，来制作套裙的衣领、兜盖、前襟、下摆，这样也可以使套裙的色彩看起比较活跃。为避免显得杂乱无章，一套套裙的全部色彩不应超过两种。

正式场合穿的套裙，可以不带任何图案，要讲究朴素而简洁。以方格为主体图案的套裙，可以使人静中有动，充满活力。一些以圆点、条纹图案为主的套裙，也可以穿着，但不能用花卉、宠物、人物等符号为主体图案。套裙上不要添加过多的点缀，否则会显得杂乱而小气。如果喜欢可以选择少而且制作精美，简单地点缀。

2. 套裙的穿着

① 上衣：上衣讲究平整挺括，较少使用饰物和花边进行点缀，纽扣应全部系上。

② 裙子：以窄裙为主，套裙的上衣和裙子的长短是没有明确的规定。一般认

为裙短不雅，裙长无神。最理想的裙长，是裙子的下摆恰好抵达小腿肚子最丰满的地方。一般认为，年轻女性的裙子下摆可在膝盖以上 3～6 cm，不可太短；中老年女性的裙子应在膝盖以下 3 cm 左右。裙子里面应穿着衬裙。真皮或仿皮的西装套裙不宜在正式场合穿着。

③ 衬衫：衬衫的颜色可以是多种多样的，与套装相匹配即可。以单色为最佳之选。白色、黄白色和米色与大多数套装都能搭配。丝绸是最好的衬衫面料，另一种选择就是纯棉，但要保证浆过并熨烫平整。衬衫的下摆应掖入裙腰之内而不是悬垂于外，也不要在腰间打结；衬衫的纽扣除最上面一粒可以不系上，其他纽扣均应系好；穿着西装套裙时不要脱下上衣而直接外穿衬衫。

④ 内衣：确保内衣要合身，身体线条曲线流畅，既要穿得合适，又要注意内衣不能外露，不要明显透出内衣的轮廓，内衣颜色也不要外泄。

⑤ 衬裙：穿套裙的时候一定要穿衬裙。特别是穿丝、棉、麻等薄型面料或浅色面料的套裙时，假如不穿衬裙，就很有可能使内衣“活灵活现”。可以选择透气、吸湿、单薄、柔软面料的衬裙，而且应为单色，如白色、肉色等，必须和外面套裙的色彩相互协调。不要出现任何图案。应该大小合适，不要过于肥大。穿衬裙的时候裙腰不能高于套裙的裙腰，不然就暴露在外了。要把衬衫下摆掖到衬裙裙腰和套裙裙腰之间，不可以掖到衬裙裙腰内。

3. 套裙鞋袜的选择

鞋袜搭配有“四不准”：不准光腿穿套裙；不准长筒袜有洞；不准鞋袜不配套，穿套装不能穿便装鞋；不准鞋裙之间有空，即袜子的上沿要高于裙子下摆。

具体来说，用来和套裙配套的鞋子，应该是皮鞋，并且黑色的牛皮鞋最好。和套裙色彩一致色彩的皮鞋也可以选择。鞋子应该是高跟、半高跟的船式皮鞋或盖式皮鞋。系带式皮鞋、丁字式皮鞋、皮靴、皮凉鞋等，都不适合采用。无论穿哪一种鞋子，既不应拖地，也不应跺地，这样不仅会制造噪声、影响别人，也会给别人留下不好的印象。

高筒袜和连裤袜是套裙的标准搭配。中筒袜、低筒袜，绝对不要和套裙同时穿着。颜色以肉色、黑色最为常用，肉色长筒丝袜配长裙、旗袍最为得体。女士袜子一定要大小相宜，太大时就会往下掉，或者显得一高一低。尤其要注意，女士不能在公众场合整理自己的长筒袜，而且袜口不能露在裙摆外边。不要穿带图案的袜子，因为它们会惹人注意你的腿部。应随身携带一双备用的透明丝袜，以防袜子拉丝或跳丝。

穿套裙的时候，有意识地注意一下鞋、袜、裙之间的颜色是否协调。鞋、裙的色彩必须深于或略同于袜子的色彩。如果一位女士在穿白色套裙、白色皮鞋时穿上一双黑袜子，就只会给人以长着一双“乌鸦腿”的感觉。不论是鞋子还是袜子，图案和装饰都不要过多。一些加了网眼、镂空、珠饰、吊带、链扣，或印有时尚图案的鞋袜，通常给人肤浅的感觉。

另外，鞋袜应当大小相配套、完好无损。穿的时候不要随意乱穿、不能当众脱下。不要同时穿两双袜子，也不可将九分裤、健美裤等当成袜子穿。有些女士喜欢有空便脱下鞋子，或是处于半脱鞋状态。还有个别人经常将袜子撸下去一半，甚至当着外人的面脱去袜子，这些都是不礼貌的行为。

不要暴露袜口。暴露袜口，是公认的既缺乏服饰品位又失礼的表现。不仅穿套裙时应自觉避免这个情形的发生，当穿开衩裙的时候就更要注意。

4．套裙穿着和搭配的五大注意

一是大小适度。上衣最短可以齐腰，裙子最长可以达到小腿中部，上衣的袖长要盖住手腕。

二是认真穿好。要穿得端端正正。上衣的领子要完全翻好，衣袋的盖子要拉出来盖住衣袋或披、搭在身上；衣扣一律全部系上。不允许部分或全部解开，更不允许当着别人的面随便脱下上衣。

三是注意场合。女士在各种正式活动中，一般以穿着套裙为好，尤其是涉外活动中，其他情况则没有必要。当出席宴会、舞会、音乐会时，可以选择和这类场面相协调的礼服或时装。在这种场合还穿套裙的话，会使你和现场“格格不入”，还有可能影响到别人的情绪。外出观光旅游、逛街购物、健身锻炼时，当然是休闲装、运动装等便装最合适了。

四是套裙应当协调妆饰。通常穿着打扮，讲究的是着装、化妆和配饰风格统一，相辅相成。穿套裙时，必须维护好个人形象，所以不能不化妆，但也不能化浓妆。选配饰也要少，合乎身份。在工作岗位上，不佩戴任何首饰也是可以的。

五是兼顾举止。套裙最能够体现女性的柔美曲线，这就要求举止优雅，注意个人的仪态等。当穿上套裙后，站要站得又稳又正，不可以双腿叉开，站得东倒西歪。就座以后，务必注意姿态，不要双腿分开过大，或是翘起一条腿来，抖动脚尖；更不可以脚尖挑鞋直晃，甚至当众脱下鞋来。走路时不能大步地奔跑，而只能小碎步走，步子要轻而稳。拿自己够不着的东西，可以请他人帮忙，千万不要逞强，尤其是不要踮起脚尖、伸直胳膊费力地去够，或是俯身、探头去拿。

目前，职业装的流行趋势越来越休闲化。但较合适的休闲尺度，并不容易掌握。无论怎样变化，着装的原则不会改变，记住并学会运用这一原则，将有助于应对各种场合。

【实训拓展】

服装的色彩

服饰色彩的相配应遵循一般的美学常识。服装与服装、服装与饰物、饰物与饰物之间的色彩应色调和谐，层次分明。饰物只能起到“画龙点睛”的作用，而不应喧宾夺主。服饰色彩在统一的基础上应寻求变化，肤与服、服与饰、饰与饰之间在变化的基础上应寻求平衡。一般认为，衣服里料的颜色与表料的颜色，衣服中某一色与饰物的颜色均可进行呼应式搭配。

一、服装色彩搭配的方法

① 同色搭配：即由色彩相近或相同，明度有层次变化的色彩相互搭配造成一种统一和谐的效果。如墨绿配浅绿、咖啡配米色等。在同色搭配时，宜掌握上淡下深、上明下暗。这样整体上就有一种稳重踏实之感。

② 相似色搭配：色彩学把色环上大约 90°以内的邻近色称之为相似色。如蓝与绿、红与橙。相似色搭配时，两个色的明度、纯度要错开，如深一点的蓝色和浅一点的绿色配在一起比较合适。

③ 主色搭配：指选一种起主导作用的基调和主色，相配于各种颜色，造成一种互相陪衬、相映成趣之效。采用这种配色方法，应首先确定整体服饰的基调，其次选择与基调一致的主色，最后再选出多种辅色。主色调搭配如选色不当，容易造成混乱不堪，有损整体形象，因此使用的时候要慎重。

二、色彩选择应考虑的因素

在选择服饰色彩的时候，不仅要考虑色彩之间的搭配，还要考虑与着装者的年龄、体形、肤色、性格职业等搭配。

1. 服色与年龄

不论年轻人还是年长者都有权利打扮自己。但是在打扮时要注意，不同年龄的人有不同的着装要求。年轻人的穿着可鲜艳、活泼和随意些，这样可以充分体现年轻人朝气蓬勃的青春美；而中老年人的着装则要注意庄重、雅致、含蓄，体现其成熟和端庄，充分表现出成熟之美。但无论何种年龄段，只要着装与年龄相协调，都可以显示出独特的韵味。

2. 服色与体形

天下人等，高矮胖瘦各得其所，不同的体形着装意识有所区别。

对于高大的人而言，在服装选择与搭配上，要注意：服色宜选择深色、单色为好，太亮太淡太花的色彩都有一种扩张感，使着装者显得更高更大。

对于较矮的人而言，服色宜稍淡、明快柔和些为好，上下色彩一致可以造成修长之感。

对于较胖的人而言，在服色的选择上，应以冷色调为好，过于强烈的色调就会显得更胖。

对于偏瘦的人而言，服色选择应以明亮柔和为好，太深太暗的色彩反而显得瘦弱。

3. 服色与肤色

肤色影响服饰配套的效果，也影响服装及饰物的色彩。但反过来说服饰的色彩同样作用于人的肤色而使肤色发生变化。一般认为：

肤色发黄或略黑，粗糙的人，在选择服色时应慎重。服色的调子过深，会加深肤色偏黑的感觉，使肤色毫无生气；反之，也不宜用调子过浅的服色，色泽过浅，会反衬出肤色的黝黑，同样会令人显得暗淡无光。这种肤色的人最适宜选用的是与肤色对比不强的粉色系、蓝绿色。最忌色泽明亮的黄、橙、蓝、紫或色调极暗的褐色、黑紫、黑色等。肤色略带灰黄，则不宜选用米黄色、土黄色、灰色的服色，否则会显得精神不振和无精打采。肤色发红，则应配用稍冷或浅色的服色，但不宜使用浅绿色和蓝绿色，因为这种强烈的色彩对比会使肤色显得发紫。

4. 服色与性格

不同的性格需要由不同的色彩来表现，只有选择与性格相符的服色才会给人带来舒适与愉快。性格内向的人，一般喜欢选择较为沉着的颜色，如青、灰、蓝、黑等；性格外向的人，一般以选用暖色或色彩纯度高的服色为佳，如红、橙、黄、玫瑰红等。

5. 服色与职业

不同的职业有不同的着装要求。如法官的服色一般为黑色，以显示出庄重、威严；银行职员的服色一般选用深色，这会给客户以牢靠、信任的感觉。

任务2 饰品

【知识基础】

饰品，通常又叫饰物，是用来装饰和佩戴的物品，对整体服装往往起着“画龙点睛”的作用，好的饰品，加上巧妙的佩戴，可以使人的形象焕然一新或者令人印象深刻。

一、饰品佩戴原则

在选择佩戴饰品时，常见的原则包括：

（一）以少为佳

佩戴首饰，永远都不是越多越美丽，戴首饰是以少为佳。特殊场合甚至可以一件首饰都不佩戴，需要多件搭配首饰时，也最好不要超过 3 件。日常生活中，除耳环、手镯外，最好不要使佩戴的同类首饰超过一件。

（二）同色同质

五颜六色构成了色彩斑斓的美丽世界。但对于个体而言，多则乱。佩戴首饰时，色彩最好是力求同色，与服装搭配。假若需要同时佩戴两件或两件以上首饰时，应使其色彩一致，戴镶嵌首饰时，应使其主色调保持一致。

戴首饰时，质地也应争取同质，即选择水晶，就全部首饰用水晶；选择白钢，就全部首饰用白钢。因为首饰的材质，本身就给人其独特的视觉感，同质地的首饰不会使人感觉奇怪。另外还要注意，高档饰物，尤其是珠宝首饰，多适用于隆重的社交场合，不适合在工作、休闲时佩戴，在工作场合佩戴高档首饰会给人做作、炫富的感觉。

（三）符合身份

戴首饰时要使首饰符合自己的身份。选戴首饰时，不仅要照顾个人爱好，更应当服从于本人身份，使挑选的首饰与自己的性别、年龄、职业、工作环境保持大体一致。

一般要讲究“三不戴”，第一，有碍于工作的首饰不戴，如果某些首饰会直接影响自己的正常工作，就不应该戴；第二，炫耀自己财力的首饰不戴，在工作场合佩戴过于名贵的首饰，难免给人招摇的感觉；第三，突出个人性别特征的首饰不戴，胸针，耳环等，往往会突出佩戴者的特征，从而引起异性的过分注意，在工作场合最好不要带。

（四）宗教习俗

在不同的地区，不同的民族，佩戴首饰的习惯做法多有不同。因此到陌生的地方时，应第一时间了解当地风俗，这样既是对当地居民的尊重，也不至于到时候闹出笑话。如十字架形的挂件在国际交往中不宜佩戴。

二、饰品选择的具体要求

（一）珠宝首饰与脸形配合

首饰的形状避免重复脸形，也不可与脸形极端相反。

① 方脸：纵向长于横向的弧形设计，有助于增加脸部的长度、缓和脸部的角度，例如长椭圆形、弦月形、新叶形、单片花瓣形等；有坠子的项链或长于锁骨的项链会在胸前形成V字形的弧形，可以平衡较宽的下颚骨线条。

② 长脸：可以选择圆形、方形扇横向设计的耳环；项链则比较适合佩戴具有“圆效果”的款式。

③ 正三角脸：应选择“下缘小于上缘”的耳环、坠子，才能达到平衡下颚宽度、创造柔美脸部线条的功效。角度十分明显的首饰，如三角形、六角形应避免佩戴，多选择圆形的耳环；项链应选择“下缘大于上缘”的坠子，再加上在胸前所呈现出的V字形线条，会将佩戴者的雍容典雅衬托得淋漓尽致。

④ 圆脸：耳环最好选择如长方鞭形、水滴形等形状，不适合圆形的；项链可利用V字形效果装饰，拉长脸部线条。

⑤ 瓜子脸：瓜子脸的下巴比较尖，适合佩戴“下缘大于上缘”的耳环与坠子，如水滴形、葫芦形以及角度不是非常锐利的三角形等；任何戴起来能够产生“圆效果”的项链，都可以增加瓜子脸美人下巴的分量，让脸部线条看起来比较圆润。

⑥ 鹅蛋脸：任何适合自己脸部皮肤色调、脸形大小、个人风格的耳环与坠子都可尽情佩戴；项链只要适合穿着打扮的风格，不论什么形状的项链戴起来都很好看。

（二）珠宝首饰与身材配合

① 偏矮型：项链宜选细长而造型简洁的，最好选择淡雅的珍珠挂坠与之搭配；耳环、戒指则应粗细得当，过粗令人觉得矮胖，过细则又与其较粗的手指不相称。

② 偏高型：项链宜粗而长，挂坠的造型要大而丰富；戒指和耳环上镶嵌的珠宝宜选择有主次搭配的，这与健壮的体魄更为相配。

③ 较清瘦型：项链与挂坠宜选细小而简洁的，且不宜过长；耳环、戒指、手镯等则宜选较为华丽的。

④ 较胖型：耳环、戒指、手镯等宜选择色调暗淡、造型简洁的；项链的挂坠造型宜选长而细、大而多姿的，这类首饰明亮迷人，容易吸引他人视线。

（三）珠宝首饰与肤色配合

① 肤色偏白：配浅色调的暖色宝石（芙蓉石）或冷色宝石（蓝宝石、祖母绿、翡翠、绿松石、青金石）。粉红色可使皮肤增加红晕，弥补先天的不足，使人显得富有生气和活力。冷色调可衬托出白皮肤人的秀丽和文雅。

② 肤色偏黄：可考虑白色系列的首饰，或者浅蓝色系列首饰。这些颜色可将微黄的皮肤衬托得洁白、娇美。

③ 肤色偏红：淡绿、桃红及白色的宝石，肤色较红的人可选择那些淡绿、桃红及白色的宝石首饰，来增加肤色的活力，如钻石、翡翠、铂金等。尽量避免暖色系中的大红色及冷色系中的鲜蓝、鲜绿、大紫色的选择，这些颜色会使佩戴者偏红的肤色更加夸张。

④ 肤色偏黑：一般不适宜戴浅色的宝石，在这些宝石的映衬下皮肤会显得更暗淡。可作另外两种选择：一种是选那些与肤色接近的宝石，这些宝石能显出一种冷峻、威严之美；另一种选择是与肤色相差较大但十分光亮的宝石，如珍珠、钻石、黄金首饰等，这些宝石与首饰的质感、光泽能使较黯淡的肤色显得光亮起来，从而使佩戴者更有生气。

（四）珠宝首饰与年龄相协调

1．青年

青年在首饰的选择上具有十分广泛的范围。色彩、材质、造型以及风格上都有很大的选择空间。各种款式新颖的戒指、项链、手镯、臂镯、脚链都可成为青年人的首选。对于热恋中的情人、新婚夫妇，适当推荐那些具有象征意义、纪念意义的，价值较为昂贵的铂金首饰、纯黄金首饰、钻石首饰等。

2．中年

中年人选择的首饰不应单纯追求款式的时髦和新奇，应更多地注意首饰的品质与档次。可选择那些造型匀称、平衡感强的圆形、方形、椭圆形款式的首饰；材质应力求上乘，可选择 K 金、黄金及钻石、红蓝宝石、祖母绿、珍珠等中高档宝石镶嵌的首饰；造型上力求大气、生动，一方面衬托出一种稳重、成熟的气质；另一方面也为中年人带来一种朝气。中年人佩戴的首饰不应过于纤细、轻巧，首饰用金的分量不宜过轻，所镶宝石不宜过小，中年人不宜佩戴低档的仿制品。

3．老年

老年人佩戴首饰除了款式、造型以常见、不过分花哨为主外，在材料品质上以高档为佳。替老年人挑选首饰应讲究传统的信仰和吉祥的象征，一般以纯金首饰为宜，也可选择一些镶宝石戒指、翡翠戒指、白银手镯、玛瑙手镯等。老年人的首饰造型应相对简洁古朴，应避免繁杂和花哨。此外，还应佩戴简便，尽量不要推荐那些有烦琐小开关的首饰，而应选择有搭扣、S 钩的便捷开关的首饰，以便于老年人佩戴时能够自行打理。老年人的首饰体积应相对较大，太小容易遗失，不便寻找。

（五）珠宝首饰与场合相协调

① 涉外工作：宜选择高档首饰，如 K 金首饰、铂白金首饰、珠宝玉石镶嵌首饰等。首饰要做工精良、造型典雅，以显示身份和尊严。

② 贸易洽谈：宴请或洽谈时，由于感情和气氛的需要，贸易双方都可选择华贵一些的首饰，以显示双方对这宗生意的热情和诚意。

③ 婚礼、庆典：祝贺者和一般参与者则应注意佩戴那些简洁大方的首饰，切忌过分豪华、张扬，以免超过了主人，造成“喧宾夺主”的局面。

④ 工作场所：一条项链或一个戒指就可以了。如果把自己打扮得珠光宝气，就显得太庸俗了。

⑤ 展会、音乐会：可佩戴艺术性突出的首饰，如胸前插一枚乐谱式或乐器式的胸针、胸花、领带夹之类的小饰品，会更加显示出佩戴者丰富的文化内涵。

（六）珠宝首饰与服装相协调

① 正装：为了突破职业装色调的单纯性，可以在胸前和发际，以及项链上搭配一些色调活泼的有色宝石。同时，巧妙地搭配珠宝首饰，能起到微妙扭转职业装形状的成效，这里两个最重要的首饰就是项链和胸针。在西服套装的领子边上别一枚曲线形设计的胸针，可以使套装的严肃之中增添动感；项链的长短、质材色调，以及设计格调的不同，微妙的搭配，同样能增加套装的动感和韵律美。

② 礼服：礼服一般应佩戴与服装色彩相近或互补的珠宝。当礼服上有其他颜色的装饰时，就不应佩戴与礼服及装饰有显著颜色区别的珠宝，否则就会破坏礼服的和谐。佩戴首饰时不要全副武装，把项链、耳环、手镯、戒指统统披挂上身，选择自己想突出的部位，只要一件足矣。佩戴钻石首饰最怕多且滥，尤其是夏天，一般来说，上衣穿花，可不必佩戴钻石首饰；浑身素雅无华，款式又极其简洁，可戴一两件钻石首饰。

③ 休闲服：一般人在工作之余或在一些轻松愉快的场合往往喜欢穿休闲服，这时佩戴一些主石不太突出的由一般的宝石或人造宝石镶嵌的首饰，如“苏联钻”、石榴石等是较为和谐的。相反，如佩戴一些过分夺目的贵重宝石则会显得不协调，

会破坏轻松的气氛。这种场合穿戴件数过多的珠宝也无益处，会给人一种杂乱的感觉。

三、常见饰物的选择与佩戴

（一）眼镜

对于现代人来说，眼镜不只是矫正视力的工具，更是修饰脸形与提升气质的重要配饰。在眼镜的选择上也要注意很多事项：第一，眼镜的款式要与形体相和谐，同时要考虑自身的发型；第二，镜框的颜色要与肤色相协调，要与自己的脸形相协调；第三，佩戴首饰性眼镜时要考虑与自己的身份相符。

不管是室内还是室外，只要是正式场合，都应将装饰性的眼镜摘下。用来装饰的深色镜或墨镜，戴前一定要先将商标摘下。

（二）戒指

在西方，人们佩戴的戒指被称为是无声的语言。一般来说，将戒指戴在左手各手指上有不同含义：在食指上表示未婚或求婚；戴在中指上表示正在热恋中；戴在无名指上，表示已订婚或结婚；戴在小指上则表明“我是独身者”。而右手戴戒指纯粹是一种装饰，没什么特别的意义。中国人也戴戒指，同样也不能乱戴。通常，一只手上只戴一枚戒指，戴两枚或两枚以上的戒指是不适宜的。参加正规的外事活动，最好佩戴古典式样的戒指。

（三）项链

项链的粗细应与脖子的粗细成正比，与脖子的长短成反比。从长度上分，项链可分为四种：短项链约 40 cm，适合搭配低领上衣；中长项链约 50 cm，可广泛使用；长项链约 60 cm，适合在社交场合使用；特长项链约 70 cm，适合用于隆重的社交场合。

在选配项链上的挂件时，要根据个人的性格而定。活泼好动者，可选配三角形挂件；成熟稳重者，可选配椭圆形挂件；女强人型可选配方形挂件。

（四）手镯手链

手镯手链的佩戴原则相似。如果在左臂或左右两臂同时佩戴，则表明佩戴者已经结婚。如果仅在右臂佩戴，则表明佩戴者是自由而不受约束的。一只手上不能够同时戴两只或两只以上的手镯和手链，因为它相互碰撞发出的声响会分散人的注意力。手部不太漂亮或有疤痕的人手上戴的东西不宜太多，否则容易暴露自己的短处。

（五）耳环

耳环可分为耳环、耳坠、耳链，在一般情况下为女性所用，并且讲究成对使用。佩戴耳环时，要尽量选择与自己脸形相适合的样式。圆脸的人不要选择又大又圆的耳环，而应选用链式耳环或耳坠；长脸的人不要选用长而下垂的耳环，应选择宽大的耳环。在一切正式场合，都应当避免佩戴发光、发亮、发声的耳环。

（六）皮包

在公务活动中，男士应携带一只公文包以装放文件及手机、钥匙等杂物。公文包以深褐色或棕色皮革制品为上品，既不要选择灰色的，也不要选择发光发亮的、布满图案的。手提箱只适宜带着去参加午餐约会。

女士随身携带手提包时应套在手上，切忌拎在手上摆来摆去。体态娇小的女士适宜使用小提包，而体态高大的女士则适宜使用大提包。

公共场合使用的钱夹以皮制的为好。又长又大的皮夹子被视为男士的“口袋秘书”，适宜放在西装上衣内侧口袋里。任何类型的钱夹都要注意不要塞得满满的。女士用的钱夹可随手携带，也可以放在包里。

（七）胸花

胸花是专为女性设计的，专门用于装饰女性的胸、肩、腰、头、领口等部位。胸花有人造花和鲜花两种。相比之下，鲜花佩戴起来更显高雅，但不能持久。选择胸花时，一定要考虑服装的类型、颜色、面料，要考虑所出席的社交活动的层次，要考虑自身体型和脸形条件。例如，个子矮小的女士适合小一点的胸花，佩戴时部位可稍高一些；个子高大的女士可选择大一点的胸花，佩戴时位置可低一些。另外，胸花要注意放置的部位，穿西服应别在左侧领上，穿无领上衣时应别在左侧胸前。发型偏左时胸针应当居右，发型偏右时，胸针应当居左，其高度应从上往下数第一粒、第二粒纽扣之间。

（八）其他配件的选配

人们常将钢笔、手表、打火机看做是男士的三大配件，并将其当作男士身份的象征。职业男性应携带至少一支钢笔和一支铅笔，可放在公文包里，也可放在西装上衣内侧的口袋里，但绝不能插在西装上衣外侧的口袋里。有身份的男士在交际中最好带一支高档、气派的钢笔。

手表的佩戴因人而异，但不论男士还是女士，在涉外交往中最好要戴机械表，不要带潜水表、太空表或卡通表。

打火机既可以当作装饰品，也可作为礼品。但在社交场合一定要记住，不要只顾夸耀自己的品牌打火机而冷落了其他人。

任务3 领带

【知识基础】

领带是上装领部的服饰件，系在衬衫领子上并在胸前打结，广义上包括领结。它通常与西服搭配使用，是人们（特别是男士们）日常生活中最基本的服饰品。

领带通常被称作“男子西装的灵魂”。它是男士在正式场合的必备服装配件之一，对西装起着画龙点睛的重要作用。一位只有一身西装的男士，只要经常更换不同的领带，往往也能给人以天天耳目一新的感觉。

一、领带的起源

关于领带的起源，综合起来共有三种：领带保护说、领带功用说和领带装饰说。

领带保护说认为领带最早起源于日耳曼，日耳曼人居住在深山老林里，茹毛饮血，披着兽皮取暖御寒，为了不让兽皮掉下来，他们用草绳扎在脖子上，绑住兽皮。这样一来，风也不能从颈间吹进去，既保暖又防风，后来他们脖子上的草绳被西方人发现，逐步完善成了领带。

另有人认为领带起源于海边的渔民，渔民到海里打鱼，因为海上风大而冷，渔民就在脖子上系上一条带子，防风保暖，渐渐地带子成了一种装饰。保护人体以适应当时的地理环境和气候条件，这是领带产生的一个客观因素，这种草绳、带子便是最原始的领带。

领带功用说认为领带起源于人们生活的需要，具有某种用途。这里有两种传说：一种认为领带起源于英国男子衣领下的专供擦嘴的布。工业革命前，英国是个落后国家，吃肉用手抓，然后大块大块地捧到嘴边去啃，成年男子又流行络腮胡子，大块肉一啃就把胡子弄油腻了，男人们就用袖子去擦。为了对付男人这不爱干净的行为，妇女们在男人的衣领下挂了一块布专供他们擦嘴，久而久之，衣领下面的这块布就成了英国男式上衣传统的附属物。工业革命后，英国发展成为一个发达的资本主义国家，人们对衣食住行都很讲究，挂在衣领下的布转化成了领带。

另一种认为领带是罗马帝国时代，军队为了防寒、防尘等实用目的而使用。军队去前线打仗，妻子为丈夫、朋友为朋友把类似丝巾的方巾挂在他们的脖子上，在战争中用来包扎、止血。到后来，为了区分士兵、连队，采用了不同花色的领巾，进而演变发展到今日，成为职业服装的必需品。

领带装饰说认为领带起源于人类美的情感的表现。17 世纪中叶，法国军队中一支克罗地亚骑兵凯旋回到巴黎。他们身着威武的制服，脖领上系着一条围巾，颜色各式各样，非常好看，骑在马上显得十分精神、威风。巴黎一些爱赶时髦的纨绔子弟看了，备感兴趣，竞相仿效，也在自己的衣领上系上一条围巾。第二天，有位大臣上朝，在脖领上系了一条白色围巾，还在前面打了一个漂亮的领结，路易十四国王见了大加赞赏，当众宣布以领结为高贵的标志，并下令上流人士都要如此打扮。

综上所述，每一种说法都从自身的角度出发，都有一定的道理，彼此很难相互说服。但有一点却是显而易见的，即领带起源于欧洲。领带是人类社会的物质和文化发展到一定程度的产物，穿着者和观察者影响了它的发展。马克思说："社会的进步就是人类对美的追求。"在现实生活中，人类为了美化自身，使自身更完美，更富魅力，便产生了用自然界提供的或用人造物品来装饰自己的欲望，领带的起源充分说明了这一点。1668 年，法国国王路易十四在巴黎检阅克罗地亚雇佣军，雇佣军官兵的衣领上系着的布带，就是史料记载的最早的领带。领带的历史由此开始。从此，服饰文化史上就盛开着一朵经久不衰且璀璨耀目的奇葩。

二、领带的选择

领带选择的基本原则是：衬衫、领带与西装三者之间的色彩要协调。此外，这三者的色彩关系还应照顾到穿着者的肤色、年龄、职业、性格特征等。

具体来说，领带的选择包括以下方面：

① 面料：质地一般以真丝、纯毛为宜，档次稍低点就是尼龙。绝不能选择棉、麻、绒、皮革等质地的领带。

② 颜色：一般来说，服务人员尤其是酒店从业者应选用与自己制服颜色相称，光泽柔和，典雅朴素的领带为宜。不要选用那些过于显眼花哨的领带。所以，颜色一般选择单色（蓝、灰、棕、黑、紫色等较为理想），多色的则不应多于三种颜色，而且尽量不要选择浅色、艳色。

③ 图案：领带图案的选择要视场合而定。职场要坚持庄重、典雅、保守的基

本原则，一般为单色无图案，宜选择蓝色、灰色、咖啡色或紫色。或者选择圆点或条纹等几何图案。

④ 款式：一般来说，领带有宽窄之分，这主要受到时尚流行的左右。进行选择时，应注意最好使领带的宽度与自己身体的宽度成正比，不要反差过大。它还有箭头与平头之别。前者下端为倒三角形，适用于各种场合，比较传统。后者下端平头，比较时髦，多适用于非正式场合。不能选择简易式领带（如“一拉得”）。

⑤ 质量：外形美观、平整、无挑丝、无疵点、无线头、衬里毛料不变形、悬垂挺括、较为厚重。

⑥ 领带的佩饰：在一般情况下，打领带没有必要使用任何佩饰。领带佩饰的基本作用是固定领带，其次才是装饰。常见的领带佩饰有领带夹。选择时应多考虑金属质地制品，并要求素色为佳，形状与图案要雅致、简洁。使用领带夹的正确位置，在衬衫从上朝下数的第四粒、第五粒纽扣之间。最好不要让它在系上西装上衣扣子之后外露。若其夹得过分往上，甚至被夹在鸡心领羊毛衫或西装背心领子开口处，是非常土气的。

三、领带的打法

同样一条领带，如果搭配不同西服，用不同的打法，可以带给人不同的感受和印象。

（一）领带打法讲究

① 注意场合：打领带意味着郑重其事。

② 注意与之配套的服装：西装套装非打不可，夹克等则不能打。

③ 注意性别：为男性专用饰物，女性一般不用，除非制服和作装饰用。

④ 长度：成人日常所用的领带，一般长为 130～150 cm。领带打好之后，外侧应略长于内侧。其标准的长度，应当是下端正好触及腰带扣的上端。这样，当外穿的西装上衣系上扣子后，领带的下端便不会从衣襟下面“探头探脑”地显露出来。当然，领带也别打得太短，不要让它动不动就从衣襟上面跳出来。出于这一考虑，不提倡在正式场合选用难以调节其长度的“一拉得”领带。领带的长度以自然下垂最下端（即大箭头）及皮带扣处为宜，过长过短都不合适。领带系好后，一般是两端自然下垂，宽的一片应略长于窄的一片，绝不能相反，也不能长出太多。

⑤ 位置：领带打好之后，应被置于合乎常规的既定位置。穿西装上衣系好衣扣后，领带应处于西装上衣与内穿的衬衫之间。穿西装背心、羊毛衫、羊毛背心

时，领带应处于它们与衬衫之间，领带尖不要露出背心。穿多件羊毛衫时，这种情况不合常规，最好不要出现，应将领带置于最内侧的那件羊毛衫与衬衫之间，不要让领带逸出西装上衣之外，或是处于西装上衣与西装背心、羊毛衫、羊绒衫、羊毛背心之间，更别让它夹在两件羊毛衫之间。

⑥ 结法：领带扎得好不好看，关键在领带结打得如何。打领带结有三点技巧。其一，要把它打得端正、挺括，外观上呈倒三角形。其二，可以在收紧领结时，有意在其下压出一个窝或一条沟来，这又被叫作“男人的酒窝”，使其看起来美观、自然，被看成是男人品位的标志。其三，领带结的具体大小不可以完全自行其是，而应令其大体上与同时所穿的衬衫领子的大小成正比例。需要说明的是，穿立领衬衫时不宜打领带，穿翼领衬衫时适合扎蝴蝶结。

（二）常见的领带的打法

1．平结（Plain Knot）

平结是男士们选用最多的领带打法之一，几乎适用于各种材质的领带。完成后领带打法呈斜三角形，适合窄领衬衫。

要诀：图中宽边在左手边，也可换右手边打；在选择“男人的酒窝”（形成凹凸）情况下，尽量让两边均匀且对称。

2．双环结（Double Knot）

一条质地细致的领带再搭配上双环结颇能营造时尚感，适合年轻的上班族选用。

要诀：该打法完成的特色就是第一圈会稍露出于第二圈之外，千万别刻意给盖住了。

3．交叉结（Cross Knot）

这适合单色素雅且质地较薄的领带，对于喜欢展现流行感的男士不妨多使用“交叉结”。交叉结的特点在于打出的结有一道分割线，感觉非常时髦。

要诀：注意按步骤打完领带是背面朝前。

4．双交叉结（Double Cross Knot）

双交叉结很容易体现男士高雅且隆重的气质，适合正式活动场合选用。该领带打法应多运用在素色且丝质领带上，若搭配大翻领的衬衫不但适合且有种尊贵感。

要诀：宽边从第一圈与第二圈之间穿出，完成集结充实饱满。

5．温莎结（Windsor Knot）

温莎结是因温莎公爵而得名的领带结，是最正统的领带打法。打出的结呈正三角形，饱满有力，适合搭配宽领衬衫。该集结应多往横向发展。应避免材质过厚的领带，集结也勿打得过大。

要诀：宽边先预留较长的空间，绕带时的松紧会影响领带结的大小。

6．亚伯特王子结（The Prince Albert Knot）

亚伯特王子结适用于浪漫扣领及尖领系列衬衫，搭配浪漫质料柔软的细款领带。“男人的酒窝”两边略微翘起。

要诀：宽边先预留较长的空间，并在绕第二圈时尽量贴合在一起，即可完成此一完美结型。

7．简式结（马车夫结）（The Simple Knot）

适用于质地较厚的领带，最适合打在标准式及扣式领口衬衫上，简单易打，非常适合在商务旅行时使用。其特点在于先将宽端以180°由上往下扭转，并将折叠处隐藏于后方完成打结。这种领带结非常紧，流行于18世纪末的英国马夫中。待完成后可再调整其领带长度，在外出整装时方便快捷。

要诀：常见的马车夫结在所有领带的打法中最为简单，尤其适合厚面料的领带，不会造成领带结过于臃肿累赘。

8．浪漫结（The Trend Knot）

浪漫结是一种完美的结型，适合用于各种浪漫系列的领口及衬衫。浪漫结能够靠褶皱的调整自由放大或缩小，而剩余部分的长度也能根据实际需要任意掌控。浪漫结的领带结形状匀称、领带线条顺直优美，容易给人留下整洁严谨的良好印象。

要诀：领结下方的宽边压以褶皱可缩小其结型，窄边也可将它往左右移动使其小部分出现于宽边领带旁。

9．半温莎结（十字结）（The Half-Windsor Knot）

最适合搭配在浪漫的尖领及标准式领口系列衬衣。半温莎结是一个形状对称的领带结，它比温莎结小，看似很多步骤，做起来却不难，系好后的领结通常位置很正。

要诀：使用细款领带较容易上手，适合不经常打领带的人。

10．四手结（The Four-In Hand）

这是所有领结中最容易上手的，适用于各种款式的浪漫系列衬衫及领带。通过四个步骤就能完成打结，故名为“四手结”。它是最便捷的领带系法，适合宽度较窄的领带，搭配窄领衬衫，风格休闲，适用于普通场合。

要诀：类同平结。

任务4 丝巾

【知识基础】

女人的饰物有千万种，如果只能选一样饰物让女人更有韵味的话，那一定首推丝巾。被誉为“布之宝石”的丝巾，对于女性形象的重要性不亚于其他饰品。女性可以没有昂贵的宝石或价值不菲的时装，但一定要有几条适合自己气质的丝巾。丝巾，是女人制造优雅气质的魔术师。如果说领带衬托出了男性的俊朗潇洒，那么丝巾则赋予了女性优雅妩媚。领带是男士画龙点睛之物，丝巾则为女士精辟传神的一笔。

伊丽莎白·泰勒说：“不系丝巾的女人是最没有前途的女人。”奥黛莉·赫本说：“当我戴上丝巾的时候，我从没有那样明确地感受到我是一个女人，美丽的女人。”

一、丝巾的基本知识

（一）丝巾的形状与尺寸

丝巾的形状主要分为正方形和长方形两种，而这两种形状又分别有很多不同的尺寸。不同的形状有不同的系法。即使是同一种系法，尺寸不同，佩戴起来的感觉也各不相同。小一点的丝巾携带方便，可以很容易地装进化妆包里，适合做休闲打扮。大一些的丝巾一般会长长地垂下来，戴上以后容易起褶皱，适合与优雅华美的装束搭配。

正方形丝巾既有大面积展开的系法，又有折叠成细条状的系法。它的特点就是造型丰富，可以搭配各种领形。另外，在尺寸上正方形丝巾大致可分为两种，尺寸为 53 cm × 53 cm 的小方巾和尺寸为 88 cm × 88 cm 的大方巾。小方巾适合休闲打扮，大方巾适合公司职员佩戴以及出席正式场合时佩戴。最近又出现了其他尺寸的方巾，增加了更多的选择。

长方形的丝巾又被称为长丝巾。长丝巾既可以按照对角折叠法，又可以充分利用它的长度，让它长长地垂下来，搭配造型丰富多彩。另外，长丝巾的材质也有很多种，既有在宴会上使用的质地优良的高级材质，也有适合做休闲打扮的较为粗糙的材质，还有具有民族风情的材质等许多种类。

（二）丝巾的材质

丝巾因制成的材质、编织方法以及织线的种类不同，织成后的编织花纹也各不相同，看起来感觉也有很大差异。这些都决定了丝巾的手感、质感、重量以及张力。而且，不同的丝巾有不同的保养方法。因此，在挑选丝巾之前最好要掌握一些丝巾材质的知识。

丝绸：这是最常用的一种材质。丝绸制成的丝巾有光泽，多带有自然的褶皱，看起来非常漂亮，且富有垂感，适合在正式场合使用。由于它是由天然材料制成的，所以不会有静电，保温性也较好。虽然也可以自己在家清洗，但还是送去洗衣店洗比较安全。丝绸材质的丝巾很容易被虫蛀，因此在收藏时不要忘了放防虫剂。

麻：盛夏时节，麻制丝巾最受欢迎，麻制丝巾不但佩戴后感觉很清爽，而且看起来也相当的清爽，非常适合与夏装搭配。对于长期处于空调环境的女性朋友来说，麻制丝巾是必不可少的。但是麻制丝巾很容易起褶皱，所以使用时要特别注意。

毛料：多被用于制成披肩和围巾。其特点是保暖性特别好，适合秋冬季节。相比较而言，羊毛质的围巾比较容易清洗，自己在家清洗就可以了，保养比较简单，但还是要注意清洗的方法，如果把方法搞错了，围巾就会缩水变小。在毛料种类中，开司米、安哥拉兔毛、羊驼呢等高级纤维比较容易变形，最好还是将这类质地的围巾送去干洗店清洗。

化学纤维：聚酯、丙烯基和尼龙等化学纤维制成的丝巾很便宜，因而非常普及。这类化学纤维制成的丝巾保养方法各不相同，选购时应确认一下丝巾的材质。另外，由于化学纤维有一些特殊的用途，所以在一定的场合，这类丝巾备受青睐。比如：专门在运动中使用的化学纤维丝巾，吸汗能力强且干得很快。还有防晒用的 UV 化学纤维丝巾等。可以根据使用目的的不同来选购这类丝巾。

棉质：棉质丝巾透气好，吸汗能力强，最适合在春夏季节佩戴。棉料多见于富有民族风情的长丝巾上，特点是适合作休闲打扮。草木染的棉质丝巾在清洗时会褪色，注意不要和别的衣服放在一起清洗，以防染色。

混纺：由两种以上材料制成的材质称为混纺，为了追求独特的手感，或是为求上色容易，抑或是为了降低价格等，经常会使用这种材质。

（三）丝巾的搭配

1. 丝巾与脸形的搭配

① 圆形脸：脸形比较丰润的人，通常都要想让脸部轮廓看来清爽消瘦一些，

而关键是要将真丝丝巾下垂的部分尽量拉长，突出纵向感，并刻意注意保持从头至脚的纵向线条的完整性，尽量不要中断。系花结的时候，选择那些适合个人着装风格的系结法，如钻石结、玫瑰花、心型结、十字结等，避免在颈部重叠围系、过分横向以及层次质感太强的花结。

② 长形脸：左右展开的横向系法能展现出颈部朦胧的飘逸感，并减弱脸部较长的感觉。如百合花结、项链结、双头结等。另外，还可将真丝丝巾拧转成略粗的棒状后，系出蝴蝶结状，不要围得过紧，尽量让真丝丝巾自然地下垂，渲染出朦胧的感觉。

③ 倒三角形脸：此种脸形给人一种严厉的印象和面部单调的感觉。此时可利用真丝丝巾使颈部充满层次感，系一个华贵的系结款式，会有很好的效果，如带叶的玫瑰花结、项链结等。注意减少真丝丝巾围绕的次数，下垂的三角部分要尽可能自然展开，避免围系得太紧，并注重花结的横向层次感。

④ 四方形脸：此种脸形容易给人缺乏柔媚的感觉。系真丝丝巾时尽量做到颈部周围干净利索，并在胸前打出些层次感强的花结，再配以线条简洁的上装，演绎出高贵的气质。

2. 丝巾与服装的搭配

① 素色衣服搭配素色丝巾。可采用同色系对比搭配法，如黑色连衣裙配中性色系丝巾，整体感强，但搭配不慎会造成整体色彩黯淡，也可以采用不同色系的对比色搭配法，另外采用相同颜色、不同质感的搭配方式也很协调。

② 衣服和丝巾上都有印花时，搭配的花色要有“主”“次”之分。如果衣服和丝巾都是有方向性的印花，则丝巾的印花应避免和衣服的印花重复出现，同时也要避免和衣服的条纹、格子同方向。简单条纹或格子的衣服比较适合无方向性的印花丝巾。

③ 印花衣服搭配素色丝巾。可挑选衣服印花上的某一个颜色为丝巾色。或者，选择衣服上最明显的一个颜色，用这个颜色的对比色去挑选适合的丝巾，两种方法效果都不错。

④ 素色衣服搭配印花丝巾。最根本的指导原则就是丝巾上至少要有一个颜色和衣服的色彩相同。

（四）丝巾的洗清、保管与收藏

丝巾面料十分娇贵，真丝丝巾建议干洗。如自行洗涤应用中性洗涤剂手洗，晾干后低温熨烫丝巾的反面，假如是水洗，请注意以下几点：

① 与其他衣物分开，单独手洗。

② 切忌用 30℃以上的热水洗涤。

③ 洗涤丝巾时，要用酸性洗涤剂或淡碱性洗涤剂，最好用丝毛专用洗涤剂。

④ 洗涤时可滴几滴白醋以防止丝巾脱色。

⑤ 手洗时，切忌用力搓或用硬刷刷洗，应轻揉后用清水投净，再轻轻抖开，反面向外摊晾。

⑥ 只能阴干，不宜曝晒，在阴凉处平放开晾为最佳。

⑦ 丝绸易起皱，洗后熨烫很有必要，适宜的温度还能使晾干后粗硬的手感变得柔软如初，但温度超过 130℃后会导致泛黄。丝巾晾到七八成干时，取下，垫白布低温熨烫其反面，熨烫时切忌喷水，以防产生水痕迹影响美观。

真丝丝巾保管的要点就是干净和干燥。因为真丝属于动物蛋白质纤维，如果洗涤不干净或干燥不充分，容易引起虫蛀、泛黄或变质。如果在衣柜内放入吸湿剂，那就更好了。真丝丝巾的保管可以采用以下方法：

① 利用挂西装裤的衣架，将丝巾折成可以立刻使用的状态挂起，并用夹子固定，取用十分方便，也可将丝巾挂在衣架上，并用衣夹固定。用厚纸夹在夹子与丝巾之间，衣夹就不会在丝巾上留下痕迹。

② 可选择用厚纸板制作的小型收纳盒，宽度 30 cm 左右，将折成原大 1/4 大小后再对折收藏。

③ 将丝巾折成原来大小的 1/4，放入有多个内层的文件夹内。收纳时，只要将文件夹平放，就不会产生褶皱，而且一目了然。

二、丝巾的系法

通过巧手折叠，丝巾会令人造型多变，带来不一样的感觉和印象，起到令人容光焕发的效果。以下介绍几种小方巾和大方巾的常见系法。

（一）小方巾

<table>
<tr><th colspan="2">系法一：小蝴蝶结</th></tr>
<tr><td>步骤：
① 丝巾折成合适宽度，围在脖子上系一个单结。
② 系成小巧简单蝴蝶结即可</td><td rowspan="2"></td></tr>
<tr><td>小技巧：
因为要用到长度较短的丝巾系出小巧的蝴蝶结，所以第一个单结要系得稍微紧一些。系成单翼的或者双翼的蝴蝶结均可</td></tr>
</table>

<table>
<tr><td colspan="2">系法二：小平结</td></tr>
<tr><td>步骤：
① 将小方巾对折。
② 折成合适的宽度。
③ 围在脖子上系一个活结。
④ 再系一个活结，成为平结。整理好即可</td><td rowspan="2"></td></tr>
<tr><td>小技巧：
想要给人留下鲜明的印象，最好不要将丝巾折得过细，要把丝巾折得稍微宽一些</td></tr>
<tr><td colspan="2">系法三：蔷薇花结</td></tr>
<tr><td>步骤：
① 将丝巾两个对角打平结，尽量打小一点。
② 另外两角分别向相反方向从系结点下面穿过，通过抖动丝巾使之拉紧，整理。
③ 将拉出的丝巾两端在颈部后面交叉，打结</td><td rowspan="2"></td></tr>
<tr><td>小技巧：
① 蔷薇结方巾的材质不可太硬、太厚。
② 适合颈部修长的女性，颈部较短可以系在胸前。
③ 与 V 领搭配时可柔化 V 领的线条，选用鲜艳的丝巾更具有女人味</td></tr>
<tr><td colspan="2">系法四：小领带结</td></tr>
<tr><td>步骤：
① 将丝巾折成合适的宽度，挂在脖子上，长的一端放在下面。
② 绕一次，包住短的一端，形成结眼。
③ 长的一端由内至外从脖子前面穿出来。
④ 塞进结眼，整理好即可</td><td rowspan="2"></td></tr>
<tr><td>小技巧：
里侧应比外侧短 1～2 cm，避免露出在外而影响整体美观</td></tr>
<tr><td colspan="2">系法五：花冠结</td></tr>
<tr><td>步骤：
① 将丝巾折成百褶状。
② 将百褶状的丝巾绕在脖子上。
③ 系一个活结，两端整理好，成花冠形状</td><td rowspan="2"></td></tr>
<tr><td>小技巧：
① 最好选择色彩明艳带花边的丝巾，更能突出青春气息。
② 方巾折叠宽度可根据颈部比例而定，以达到最佳效果</td></tr>
</table>

此外，小方巾常用的系法还有心形结、牛仔结、水手结、麻花结等。

（二）大方巾

<table>
<tr><th colspan="2">系法一：职场新人的乖巧搭配</th></tr>
<tr><td>步骤：
① 丝巾在脖子一上一下打简单平结。
② 将上面的一层丝巾由下往上折风琴褶，直到脖子的位置，用手暂时固定住中间部分。
③ 将下层的丝巾由下往上穿出，固定位置。使上面一层的丝巾中部被下面一层缠紧。
④ 按照这个方式将下方一层缠绕两次，加固，留出与图片中一致的长度，整理上面一层的丝巾边</td><td>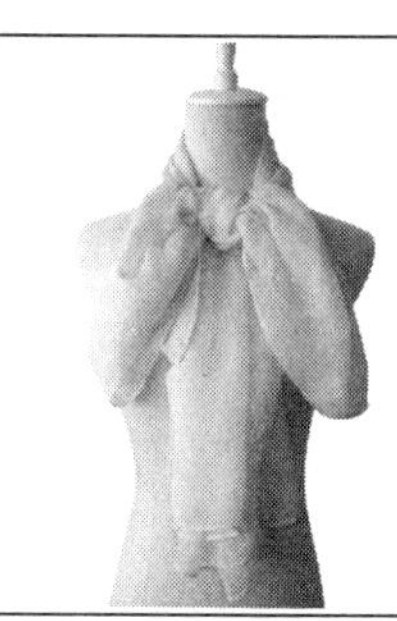</td></tr>
<tr><th colspan="2">系法二：职场中的简约彩色精神</th></tr>
<tr><td>步骤：
① 抓住长巾短边的一角，将一边折成风琴褶。
② 在风琴褶的上半部分打一个结。
③ 将有结的一边搭在肩部一侧。
④ 将另一侧环绕脖子一圈后，将剩下的丝巾一角穿入结中拉出，整理完好</td><td></td></tr>
<tr><th colspan="2">系法三：商务场合的优雅魅力</th></tr>
<tr><td>步骤：
① 将丝巾系在脖子上，两边自然垂落在脖子下方。
② 再将丝巾系一个活结在脖子处。
③ 对齐丝巾两头并且捏住。
④ 将扭住的两边分别塞进脖子下方的结中，并且穿出。
⑤ 整理时要注意穿出的两边一样长，并确定中间的部分要蓬松自然</td><td></td></tr>
<tr><th colspan="2">系法四：商务休闲的典范搭配</th></tr>
<tr><td>步骤：
① 握住丝巾，然后整体折成图片中的风琴褶。
② 将折完后的丝巾放在脖子上，绕回胸前，将头的两端合在一起用皮筋固定，然后整理成花朵形</td><td></td></tr>
</table>

<table>
<tr><th colspan="2">系法五：社交场合的明星范</th></tr>
<tr><td>步骤：
① 将丝巾的两边往里对折，中间要留出一部分。
② 将对折后的丝巾再从下往上折风琴褶。
③ 将折完风琴褶的丝巾绕在脖子上，两头合并再用皮筋固定，整理完好</td><td></td></tr>
<tr><th colspan="2">系法六：聚会时的优雅淑女</th></tr>
<tr><td>步骤：
① 将丝巾不规则对折，边上露出四个尖角。
② 将丝巾从右围住搭在肩上，两边的角放在左肩上，在接近颈部的位置揪两边的一部分角，并将两角塞入丝巾扣中。
③ 整理从丝巾扣里穿出的两角，形成有质感的装饰</td><td></td></tr>
<tr><th colspan="2">系法七：轻松小聚中的清秀佳人</th></tr>
<tr><td>步骤：
① 丝巾折成三角形。
② 沿三角形的一个长边折成风琴褶。
③ 用丝巾扣将风琴褶的上半部分系住，稍微整理。
④ 将有丝巾扣的部分搭在肩部的一侧，再将另一侧的一头穿过丝巾扣并拉出</td><td></td></tr>
<tr><th colspan="2">系法八：丝巾也可以很帅气</th></tr>
<tr><td>步骤：
① 将丝巾对折成大三角形，等边的两头在上。
② 将三角形的一角往上再折。
③ 将丝巾再对折一次，形成 10 cm 左右的条形。
④ 将丝巾搭在胸前，在左边的部分由下往上折。
⑤ 将折到后方的丝巾转回前面，形成一个可插进手指的洞。
⑥ 将转回前面的丝巾一头从洞中穿出，形成一个倒三角的松结。
⑦ 将右边部分的丝巾穿进左边的结中，置于下方，再整理完好</td><td></td></tr>
</table>

<table>
<tr><th colspan="2">系法九：参加学术研究时最特别的领部装饰</th></tr>
<tr><td>步骤：
① 丝巾对折成三角形。
② 最大的一角往上再对折。
③ 将丝巾扣穿入，放置于丝巾中间的位置。
④ 将丝巾扣放在胸前、两头绕于脖子后面系结，再整理前面的丝巾</td><td></td></tr>
</table>

（此部分图片均为编者实拍，经本人同意采用）

【实训内容】

项目 1：男士西装的穿着

实训目标：掌握西装穿着的要求和搭配方法。

实训学时：2 学时。

实训地点：实训室。

实训准备：西装、衬衫、裤子、鞋袜、数码摄像机或数码照相机等。

实训方法：每 5 个男生一组，分别上台展示西装、衬衫、裤子、鞋袜的搭配，并说明搭配的理由，然后表演系领带。用数码摄像机或数码照相机记录整个过程，然后进行大屏幕回放。学生做自我评价，授课教师点评学生存在的个性和共性问题，最后选出若干名“最佳服饰先生”。

项目 2：女士套裙的穿着

实训目标：掌握女士套裙的穿着要点和搭配方法。

实训学时：2 学时。

实训地点：实训室。

实训准备：套裙、衬衫、鞋袜、饰物、数码摄像机或数码照相机等。

实训方法：每 5 个女生一组，分别上台展示套裙、衬衫、鞋袜、饰物等搭配，说明搭配的理由，用数码摄像机或数码照相机记录整个过程，然后进行大屏幕回放。学生做自我评价，授课教师点评学生存在的个性和共性问题，最后选出若干名“最佳服饰女士”。

项目3：女士丝巾的系法

实训目标：掌握常见的丝巾系法及与服装的搭配。

实训学时：2学时。

实训地点：实训室。

实训方法：每5个女生一组，分别上台展示不同丝巾的系法以及与服装的搭配，并说明搭配的理由，然后表演系丝巾。用数码摄像机或数码照相机记录整个过程，然后进行大屏幕回放。学生做自我评价，授课教师点评学生存在的个性和共性问题，最后选出若干名“丝巾达人”。

【案例讨论】

案例一

张某是李某的同班同学，今年6月即将毕业，参加了几场招聘会，投出多份简历后终于有家公司打电话要她参加周三上午的面试，应聘职位是行政助理。张某没有对这家公司进行更深入的了解，觉得各种面试都差不多，关键是形象好就可以了，于是把精力放在个人形象上。面试这天，她精心打扮了一番，穿上特意去买的最新流行的波西米亚风格长裙，烫成大波浪的长发如瀑布般披在肩上，戴着夸张的大圆圈耳环和造型别致的大号项链，化个浓妆，贴上假睫毛，最后挎着一个草编装饰包，将简历、求职信、各种证件胡乱地塞进包里，对着镜子左顾右盼，自我感觉很满意，自信满满地前往面试地点。

请分析张某的做法有何不妥之处。

案例二

2015年6月，海博集团对外发布招聘信息，招聘行政助理一名。2015届文秘专业的毕业生俞某，由于专业知识过硬，又有丰富的相关经验，成功被公司录用。为此，俞某同学特意买了一套高级名牌西服，因手头拮据未购买领带与皮鞋。上班第一天，俞某穿着名牌西服，白色衬衫，衬衫纽扣扣得严严实实，脚穿运动鞋到公司报到。办公室主任卢某在欢迎俞某到来时，几次欲言又止，办公室的其他人员也向俞某投来异样的目光。

请分析俞某的做法是否恰当，该如何改正。

案例三

因为一笔业务的关系，李某结识了几个外国朋友。几个外国朋友相约周末一起聚会娱乐。为了表示对朋友的尊重，星期天一大早，李某就西服革履地打扮好，对照镜子摆正漂亮的领结前去赴约。他们来到一家酒店就餐，大家边吃边聊，谈得很尽兴。饭后，大家提议去打高尔夫球。武汉的九月天气依旧酷热，在球场上站了一会，李某已是汗流浃背，不住地用手帕擦汗。实在太热了，李某脱掉了外套，把衬衫的袖口卷得高高的，不断为朋友鼓掌叫好。在朋友的强烈要求下，李某勉强同意试着打一杆，他整理好服装，拿起球杆做准备，当他摆好姿势用力挥杆时，只听到“嚓”的一声，上衣的袖子扯开了一个大口子，弄得李某十分尴尬。

请分析李某的着装有何不妥，该如何着装。

实训项目三　个人形象篇之仪态

仪态是指人在行为中的姿势和风度，姿势是指身体所呈现的样子，风度则属于内在气质的外化。每个人总是以一定的仪态出现在别人面前，一个人的仪态包括他的所有行为举止：一举一动、一颦一笑、站立的姿势、走路的步态、说话的声调、面部的表情等。

仪态作为“无声的语言”，通过面部表情、身材的姿态、手势和动作传递着信息。对方在接收信息时，不仅在于“听其言”，还注重“观其行”。仪态语言是一种极其丰富、极其复杂的语言。据研究者估计，世界上至少有 70 多万种可以用来表达思想意义的态势动作，这个数字远远超过当今世界上最完整的一部词典所收集的词汇数量。美国心理学家艾伯特梅热比曾经提出一个人际交往的公示“73855”定律，即一个信息的表达=7%语言+38%语音+55%肢体语言，足以可见仪态的重要性。

仪态在社交活动中有着特殊的作用。潇洒的风度、优雅的举止，常常给人留下深刻的印象，令人赞叹不已，赢得人们的尊重。在与人交往中，我们可以通过一个人的仪态来判断他的品格、学识、能力，以及其他方面的修养程度。

仪态是人们在成长和交往的过程中逐步形成的，也可以通过后天的生活和训练形成。仪态美是一种更高层次的美，它不是可以通过外表的修饰打扮得到的，也不是单纯的动作、表情的模仿可以体现的，它有赖于内在素质的提高、自身修养的加强，有赖于性格、意志的陶冶和能力、学识的充实。仪态美是长期培养磨炼的结果。

任务 1　站姿

【知识基础】

站姿是人们平时所采用的一种静态的身体造型，是最基本的姿势，同时又是其他动态身体造型的基础和起点。常言道：“站如松，坐如钟”，这是中国传统的有关于形象的标准。站姿是衡量一个人外表乃至精神的重要标准，是保持良好体型的秘诀。从一个人的站姿，可以看出他的精神状态、品质、修养及健康状况。

一、标准的站姿要求

① 从正面看，全身笔直、精神饱满、两眼平视、表情自然，两肩平齐，两臂自然下垂，两脚跟并拢，两脚尖张开 60°，身体重心落于两腿正中。

② 从侧面看，两眼平视、下颌微收、挺胸收腹、腰背挺直，手中指贴裤缝，整个身体庄重挺拔。

③ 两脚跟相靠，脚尖展开 45°～60°，身体重心主要支撑于脚掌、脚弓之上。

④ 两腿并拢直立，腿部肌肉收紧，大腿内侧夹紧，髋部上提。

⑤ 腹部、臀大肌微收缩并上提，臀、腹部前后相夹，髋部两侧略向中间用力。

⑥ 脊柱、后背挺直，胸略向前上方提起。

⑦ 两肩放松下沉，气沉于胸腹之间，自然呼吸。

⑧ 两手臂放松，自然下垂于体侧。

⑨ 脖颈挺直，头向上顶。

⑩ 下颌微收，双目平视前方。

其中，手位和脚位的放置都有讲究的。

手的摆放方式可以分为：

① 垂臂式：双臂自然下垂于体侧。

② 叉手式：左（右）手搭在右（左）手上，叠放于前腹处。

③ 背手式：双手搭在一起，背于身后，贴在臀部。

脚的站立方式可以分为：

① 并列步：双脚并拢，两个脚尖在一条直线上。

②“V”字形：两个脚尖分开，在一条直线上，宽度大致为一个脚长，脚后跟并拢，男士可以微微分开，与肩同宽。

③ 平行步：两脚平行站立，腿间距离同于或小于肩宽，一般男士采用这种脚位。

④“丁”字步：一脚跟靠在另一脚窝处，两脚尖对两斜角，如一“丁”字，身体微微侧身，一般女士采用这种脚位。

二、男士与女士标准站姿

将不同手位和脚位进行组合，就形成了以下常见的男士和女士不同站姿，适用于不同场合。

<table>
<tr><th>实训对象</th><th>实训内容</th><th>动作规范</th><th>适用场合</th></tr>
<tr><td rowspan="4">男士</td><td>标准式站姿</td><td>① 双脚并拢或双脚八字步
② 两脚尖在一条直线上
③ 双臂自然下垂于身体两侧
④ 手的中指贴于裤缝</td><td>庄重严肃的场合，如升旗仪式、军人站姿等</td></tr>
<tr><td>前腹式站姿</td><td>① 双脚跨立
② 两脚间距离同于或小于肩宽
③ 手臂略弯曲
④ 双肘微微向外张开，距离身体约一拳距离
⑤ 右（左）手自然呈拳状，五指并拢，搭放在左（右）手背及手腕之间的位置上，叠放于腹前</td><td>隆重、正式的场合，如在工作中、与客户交流中使用</td></tr>
<tr><td>背手式站姿</td><td>① 双脚跨立
② 两脚间距离同于或小于肩宽
③ 双手在背后腰际相握</td><td>迎宾</td></tr>
<tr><td>单背式站姿</td><td>① 双脚跨立，两脚间距离同于或小于肩宽
② 一手置于体侧，一手背于身后；或一手放于体前，一手背于身后</td><td>引导，高级西餐厅的男性服务员一般采用这种站姿</td></tr>
<tr><td rowspan="5">女士</td><td>标准式站姿</td><td>同男士标准式站姿</td><td></td></tr>
<tr><td>前腹式站姿</td><td>① 脚位呈“V”字形或小“丁”字形
② 双手虎口相交叠放于小腹前端或腰际
③ 拇指放置于手掌内，其余手指伸直</td><td>在工作或社交场合，迎宾或颁奖等重大场合</td></tr>
<tr><td>交流式站姿</td><td>① 双手轻握放在腰际
② 手指可自然弯曲</td><td>在职场与客户或同事交流时</td></tr>
<tr><td>后背式站姿</td><td>① 双脚呈“V”字形或“丁”字形
② 双手交握放置于背后的髋骨上</td><td></td></tr>
<tr><td>单背式站姿</td><td>① 双脚呈“V”字形或“丁”字形
② 一手置于体侧，一手背于身后；或一手放于体前，一手背于身后</td><td>日常社交场合</td></tr>
</table>

三、错误的站姿

好的站姿，可以让身体各个关节得到均匀的受力，从而不会让某些特定的关节承担大部分的重量。但不良的站姿则会影响到体内的血液循环，可能会压迫内脏，导致消化不良。不管在形体上，还是在外貌上，不良的站姿都会对人体产生消极的影响。

常见的错误站姿包括：

（1）弯腰驼背

在站立时，一个人如果弯腰驼背，除去其腰部弯曲、背部弓起之外，通常还会同时伴有颈部弯缩、胸部凹陷、腹部凸出、臀部撅起等一些其他的不良体态，显得一个人缺乏锻炼、无精打采，甚至健康不佳。

（2）手位不当

在站立时，必须注意以正确的手位去配合站姿。若手位不当，则会破坏站姿的整体效果。站立时手位不当主要表现在：一是双手抱在脑后；二是用手托着下巴；三是双手抱在胸前；四是把肘部支在某处；五是双手叉腰；六是将手插在衣服或裤子口袋里。

（3）脚位不当

在正常情况下，“V”字步、“丁”字步或平行步均可采用，但要避免“人”字步和“蹬踩式”。“人”字步也就是“内八字”步；“蹬踩式”指的是在一只脚站在地上的同时，把另一只脚踩在鞋帮上，或是踏在其他物体上，半坐半立。在正式场合，必须注意坐立有别，该站的时候就要站，该坐的时候就要坐。在站立之际，绝不可以为了贪图舒服而擅自采用半坐半立之姿。当一个人半坐半立时，不但样子不好看，而且还会显得过分随便。

（4）身体歪斜

站立时身体不能歪歪斜斜。若身躯明显地歪斜，如头偏、肩斜、腿曲、身歪，或是膝部不直，不但直接破坏了人体的线条美，而且还会使自己显得颓废消沉、萎靡不振或自由放荡。

四、站姿的练习方法

良好的站姿可以通过后天反复不断练习进行培养，常见的练习方法有：

① 提踵练习：脚跟提起，头向上顶，身体有被拉长的感觉，注意保持稳定，练习平衡感。

② 对镜练习：面向镜子按照动作要领体会标准的站姿。

③ 背靠墙练习：个人靠墙站立，要求后脚跟、小腿、臀部、双肩、后脑勺都紧贴墙，进行整体的直立和挺拔训练。每次训练 20 min 左右，应每天坚持一次。

④ 顶书练习：在头顶放一本书使其保持水平促使人把头部放正、颈部挺直、下巴向内收、上身挺直，每次训练 20 min 左右，应每天坚持一次。

⑤ 背靠背站立练习：两人（身高相近）一组，要求两人后脚跟、小腿、臀、双肩、脑后枕部相互紧贴，每次训练 20 min 左右，应每天坚持一次。

⑥ 夹纸练习：站立者在两大腿间夹上一张纸，保持纸不松、不掉，以训练腿部的控制能力。

在进行以上训练时，可以配上优美的音乐，这样能够放松心情，减轻单调、疲劳之感。女士穿半高跟鞋进行训练，以强化训练效果。还可以以芭蕾基本训练为主，进行基本的形体训练，以提高身体的柔韧性与灵活性。在教师的引导下，采取统一练习、分组练习和个别练习的多种方法，并及时纠正或点评，也可采取同学之间互评、分组竞赛的方式来改善和充实单调的练习。

任务2　坐姿

【知识基础】

坐姿展现的是人体的静态美。优雅的坐姿会给人带来端庄、稳健、自然、大方的美感，同样是自我风度和气质的展现。

一、标准的坐姿要求

根据坐的程序，可以分为入座、端坐和离座三个阶段。不同的阶段各有要求。

（一）入座阶段的要求

① 在别人之后入座。出于礼貌，和客人一起或同时入座时，要分清尊卑，先请对方入座，而不要自己抢先一步。

② 向周围的人致意。就座时，如果附近坐着熟人，应该主动打招呼。即使不认识，也应该先点点头。在公共场合，要想坐在别人身旁，需要征得对方的同意。

③ 入座前要调整好椅子的位置。如果椅子位置不合适就需要挪动，应当先把椅子移至欲就座处，然后入座。坐在椅子上再移动位置，是有违社交礼仪的。

④ 入座时要轻、稳、缓。走到座位前，背向椅子，右脚向后撤，使腿肚贴到椅子边，轻稳坐下。必要时，用一只手扶着座椅的把手。

⑤ 如果条件允许，一般从椅子的左边入座，这是一种礼貌，而且也容易就座。

（二）端坐阶段的要求

① 注意保持头部的端正。不要出现仰头、低头、歪头、扭头等情况。整个头部同地面相垂直。在办公时可低头俯瞰桌上的文件、物品，但在回答别人问题时，必须抬起头来，否则就有爱理不理的意思。在和别人交谈的时候，可以面向正前

方，或者面部侧向对方，不可以把后脑勺对着对方。

② 神态从容自如，嘴唇微闭，下颌微收，面容平和自然。

③ 立腰挺胸，上体自然挺直。注意的地方有：一是椅背的倚靠。因工作需要就座时，不应当把上身完全倚靠着座椅的背部，最好一点都不倚靠。二是椅面的占用。在尊长面前，最好不要坐满椅面，那样会给人松懈，无精打采的感觉。可以坐满椅子的 2/3，宽座沙发可以坐 1/2。三是身体的朝向。交谈的时候，为表示重视，不仅应面向对方，而且应将整个上身朝向对方，不要出现自卑、恭维、讨好的姿态。讲究礼仪要尊重别人但不能失去自尊。

④ 注意手臂的摆放。入座后，手臂的正确摆放位置主要有 5 种：

- 放在两条大腿上。双手各自扶在一条大腿上或者双手相握后置放于腿上。
- 放在一条大腿上。侧身和人交谈时，通常要将双手叠放或相握地放在自己所侧方向的那条腿上。
- 放在皮包文件上。当穿短裙的女士面对男士而坐，身前又没有屏障时，为避免“走光”，可以把自己随身的皮包或文件放在并拢的大腿上。随后，可把双手或扶，或叠，或握着放在上面。
- 放在身前桌子上。把双手平扶在桌子边沿，或是双手相握置于桌上，都是可行的。有时，也可以把双手叠放在桌上。
- 放在椅子扶手上。正身而坐时，可把双手分扶在两侧扶手上；侧身而坐时，双手叠放或相握后，置于身体一侧的扶手上。

⑤ 双膝自然并拢，双腿正放或侧放，双脚并拢或交叠或成小“V”字形。男士两膝可分开一拳左右的距离，脚态可取小八字步或稍分开以显自然洒脱之美，但不可尽情打开腿脚，那样会显得粗俗和傲慢。

（三）离座阶段的要求

① 事先说明。离开座椅时，如果身边有人在座，应该用语言或动作向对方先示意，随后再站起身来。

② 注意先后。和别人同时离座，要注意起身的先后次序。地位低于对方的，应该稍后离座。地位高于对方时，可首先离座。双方身份相似时，可同时起身离座。

③ 起身缓慢。不“拖泥带水”，弄响座椅，或将椅垫等弄得掉在地上。

④ 注意撤步。离座时要自然稳当，右脚向后收半步，而后轻稳站起，右脚向前并步，站稳后再转身离开。

⑤ 从左离开。坐起身后，应该从左侧离座。

女子入座和离座时，注意抚裙的动作，不要坐下后再拉拽衣裙，那样不优雅。

二、男士与女士标准站姿

以下常见的男士和女士不同站姿，适用于不同场合。

实训对象	实训内容	动作规范	适用场合
男士	标准坐姿	① 身体重心垂直向下，头部保持平稳，双目平视，面带微笑。 ② 腰部挺直，双膝并拢，两脚略分开平放在地。 ③ 大腿与小腿成直角，两手自然放在腿上或椅子的扶手上	会议、谈判等正式场合
	开膝式坐姿	① 在标准坐姿的基础上，两膝分开。 ② 两脚距离不超过肩膀宽度	服务场合
	重叠式坐姿	① 在标准坐姿的基础上，右（左）腿叠在左（右）膝上部，右（左）小腿内收贴向左（右）腿。 ② 脚尖下点	一般交谈场合
	交叉式坐姿	① 在标准坐姿的基础上，小腿前伸。 ② 两脚踝部交叉。 ③ 脚尖不要翘起	社交场合
女士	标准坐姿	① 上身挺直，头部正立，双肩平正。 ② 两臂自然弯曲。 ③ 两手叠放在两腿中部。 ④ 两膝并拢，小腿垂直于地面。 ⑤ 两脚尖朝正前方	正式庄重的场合
	侧坐式坐姿	① 在标准坐姿的基础上，两腿并拢斜放，将两脚同时放于左侧或右侧。 ② 脚尖下压，尽量使脚面与腿部形成一条直线	一般交谈场合或社交场合
	交叉式坐姿	① 在标准坐姿的基础上，两膝并拢。 ② 两脚踝交叉，两脚同时放于左侧或右侧	
	斜叠式坐姿	① 在标准坐姿的基础上，左（右）腿斜放，右（左）腿叠放于另一腿上。 ② 脚腕绷直。 ③ 脚尖外展	
	开关式坐姿	① 在标准坐姿的基础上，左脚（右脚）向前伸出，右脚（左脚）后收，双脚成一条直线。 ② 两膝并拢。 ③ 前后距离半只或一只脚长	

三、错误的坐姿

① 入座时离椅子太近了，这样坐下易碰到椅子，发出声响，并且臀部会完全坐满椅子，刚坐下时就靠到椅背上是不礼貌的。入座和离座时不宜动作过猛，以免弄得椅子乱响。

② 向前哈腰，坐下时背部弓着或是上身向前倾，以保持身体平衡。然而，这样的姿势是不优雅的，这样的动作还可能有后臀部和胸前走光的危险。

③ 松软地完全靠在椅背上。这样很舒服，但会给人一种无聊的观感，非常不得体。

④ 两腿分开，双手撑住上身。两腿分开，整个人松垮难自持，于是双手撑住上身。这是一种最难看的姿势，使女性缺乏教养。或者把两手夹在大腿之间，或把两腿长长地伸出去，侵占公共空间。

⑤ 跷二郎腿时，双脚分离，整个人靠在椅背上。这样的姿势代表你对他人不感兴趣，尤其当你把双手交叉在胸前时，就好像与外界隔离，把自己封闭起来。

⑥ 做出“4”字形将两腿架起，晃动脚尖，或者用脚有节奏地敲击地面，或者把鞋脱下，挑在脚尖上晃悠，这些做法都是不礼貌的。

四、坐姿的练习方法

面向镜子，按坐姿基本要领，着重脚、腿、腹、胸、头、手部位的训练，体会不同坐姿，纠正不良习惯，尤其注意入座、离座练习。每次训练 20 min 左右，应每天坚持一次。

在进行以上训练时，可以配上优美的音乐，这样能够放松心情，减轻单调、疲劳之感。女士穿半高跟鞋进行训练，以强化训练效果。还可以以芭蕾基本训练为主，进行基本的形体训练，以提高身体的柔韧性与灵活性。在教师的引导下，采取统一练习、分组练习和个别练习的多种方法，并及时纠正或点评，也可采取同学之间互评、分组竞赛的方式来改善和充实单调的练习。

任务 3 走姿

【知识基础】

走姿是站姿的延续，是人体所呈现出的一种动态。走姿文雅、端庄，不仅给人以沉着、稳重、冷静的感觉，展现了人体的动态美，而且也是展示自己气质与修养的重要形式。

一、标准的走姿要求

① 头正。双目平视，收颌，表情自然。

② 肩平。双肩平稳，在摆动中与双腿的距离不超过一拳。以肩关节为轴，双臂前后自然摆动，两手自然弯曲，手臂与躯干的夹角摆幅控制在 30°～35°。

③ 躯挺。上身挺直，立腰收腹，身体重心稍前倾。

④ 步位直。脚尖略开，脚跟先接触地面，依靠后腿将身体重心送到前脚掌，使身体前移。两脚的内侧落地时，两脚落地后的轨迹要在一条直线上，要防止内八字步或外八字步。

⑤ 步幅适度。进行时迈出的步幅与行走者的一只脚的长度相近（性别不同和身高不同会有一定差异），即男子每步约 40 cm，女子每步约 36 cm。

⑥ 步速平稳。行进中的速度应保持均匀和平衡，不要忽快忽慢，行走速度一般以男士每分钟 108～110 步，女士每分钟 118～120 步为宜。

二、男士与女士标准走姿

以下是常见的男士和女士不同走姿，适用于不同场合。

实训对象	实训内容	动作规范	适用场合
男士	前进步	① 双腿并拢，身体挺直，双手自然放下，下巴微向内收，眼睛平视，双手自然垂于身体两侧，随脚步微微前后摆动。 ② 双脚落在两条平行线上，脚尖应对正前方，最好不要呈内八字或外八字，步伐大小以自己足部长度为准，速度不快不慢，尽量不要低头看地面	正常前行
女士	前进步	① 行走时，应昂首挺胸，收腹直腰，两眼平视，肩平不摇，双臂自然前后摆动，脚尖微向外或向正前伸出，行走时脚跟成一条直线。 ② 行走迈步时，脚尖应向着正前方，脚跟先落地，脚掌紧跟落地。走路时要收腹挺胸，两臂自然摆动，节奏快慢适当。 ③ 步距的一般标准是一脚踢出落地后，脚跟离另一只脚脚尖的距离恰好等于自己的脚长。 ④ 步位，是脚落地时应放置的位置。步韵也很重要，走路时，膝盖和脚腕都要富有弹性，肩膀应自然、轻松地摆动，使自己走在一定的韵律中，才会显得自然优美	正常前行

实训对象	实训内容	动作规范	适用场合
特殊步态	后退步	① 以较小的步幅后退三步，再转身离去。 ② 退步时脚轻擦地面，不要高抬小腿。 ③ 转身时要先转身，再转头	与人告别
	侧行步	① 尽量走在对方的左前方 1 m 左右。 ② 整个身体半转向宾客方，左肩稍前，右肩稍后。 ③ 速度与对方相协调，不能太快或太慢。 ④ 请对方开始行走时，要面向对方，稍微欠身；在行进中和对方交谈或答复提问时，把头部、上身转向对方。 ⑤ 配合以恰当的手势	引领宾客
	转向步	① 在距所转方向远侧的一脚落地后，立即以该脚掌为轴，转过全身，然后迈出另一脚。如向左拐时，要右脚在前时转身；向右拐时，要左脚在前时转身。 ② 先转身体，后转头	改变行进方向

三、错误的走姿

① 低头看脚尖：心事重重，萎靡不振。

② 拖脚走：未老先衰，暮气沉沉。

③ 跳着走：心浮气躁，缺乏稳重。

④ 走出内八字或外八字。

⑤ 摇头晃脑、晃臂扭腰，左顾右盼、瞻前顾后，这样的走姿会被误解，特别是在公共场合很容易给自己招来麻烦。

⑥ 走路时大半个身子前倾：动作不美，有损健康。

⑦ 行走时与其他人相距过近，与他人发生身体碰撞。

⑧ 双手插入裤兜，或者背在背后。

⑨ 行走时方向不定，速度忽快忽慢，以致对周围人造成一定的不良影响。

⑩ 边行走，边吃喝。

四、走姿的练习方法

① 进行原地摆臂训练。站立，两脚不动，原地晃动双臂，前后自然摆动，手腕进行配合，掌心要朝内，以肩带臂，以腕带手，纠正双臂横摆，同向摆动、单臂摆动、双臂摆幅不等的现象。

② 走直线练习：在地面上画一条直线，行走时手部掐腰，上身正直，双脚内

侧踩在线上，按要求走出相应的部位与步幅，可以纠正行走时摆胯、送臀、扭腰及“八字步态”、步幅过大过小的毛病。训练时配上行进音乐，音乐节奏为每分钟60拍。

③ 头顶顶书本行走，进行整体平衡练习。重点纠正行走时低头看脚、摇头晃脑、东张西望、脖颈不正、弯腰弓背等毛病。

④ 特殊步态练习：练习后退步、侧行步、转向步等特殊步态。在走姿训练时可进行摄像，然后播放录像，使学生了解自己的步态，再在教师指导下加以纠正，经过反复练习达到端正、轻盈、稳健、灵敏的标准。

⑤ 对镜子行走，进行面部表情等整体协调性练习。

在进行以上训练时，可以配上优美的音乐，这样能够放松心情，减轻单调、疲劳之感。女士穿半高跟鞋进行训练，以强化训练效果。还可以以芭蕾基本训练为主，进行基本的形体训练，以提高身体的柔韧性与灵活性。在教师的引导下，采取统一练习、分组练习和个别练习的多种方法，并及时纠正或点评，也可采取同学之间互评、分组竞赛的方式来改善和充实单调的练习。

任务 4　蹲姿

【知识基础】

蹲姿是人处于静态时的一种特殊体位，相比于站姿、坐姿和走姿，它是一种不常见的仪态，适用于以下情境：整理工作环境；给予客人帮助；提供必要服务；捡拾地面物品；自我整理装扮等。

一、标准的蹲姿要求

① 下蹲时一脚在前，一脚在后，两腿与臀部向下蹲。

② 脊背保持挺直，避免含胸驼背或者弯腰翘臀。

③ 头、胸、膝关节在一个角度上。

④ 前脚全着地，小腿基本垂直于地面，后脚脚跟提起，脚尖着地，以后腿支撑身体。

⑤ 女性应靠紧双腿，男性则可适度地分开双腿。

⑥ 如果女性穿了领口较低的服装，还应用左手轻护胸口，以防走光。

二、男士与女士标准蹲姿

以下是常见的男士和女士不同蹲姿，适用于不同场合。

实训对象	实训内容	动作规范
男/女士	高低式蹲姿	下蹲时右（左）脚在前，左（右）脚稍后，两腿靠紧向下蹲。右（左）脚全脚着地，小腿基本垂直于地面，左（右）脚脚跟提起，脚掌着地。左（右）膝低于右（左）膝，左（右）膝内侧靠于右（左）小腿内侧，形成右（左）膝高左（右）膝低的姿态，臀部向下，基本上以左（右）腿支撑身体。女士双膝保持紧靠，男士双膝可略微分开
女士	交叉式蹲姿	右（左）脚在前，左（右）脚在后，右（左）小腿垂直于地面，全脚着地；右（左）脚往上，左（右）腿在下交叉重叠；左（右）膝从后下方伸向右（左）侧，左（右）脚跟抬起脚尖着地。两腿前后靠紧，合力支撑身体；上体微向前倾，臀部向下

三、注意事项

不要突然下蹲，不要距人过近，不要方位失当，不要毫无遮掩，不要蹲着休息，不随意滥用、不要时间过长等。

四、蹲姿的练习方法

加强腿部膝关节、踝关节的力量和柔韧性训练，具体方法是压腿、踢腿、活动各关节。有意识地、主动经常地进行标准蹲姿训练，形成良好习惯。

在进行以上训练时，可以配上优美的音乐，这样能够放松心情，减轻单调、疲劳之感。女士穿半高跟鞋进行训练，以强化训练效果。还可以以芭蕾基本训练为主，进行基本的形体训练，以提高身体的柔韧性与灵活性。在教师的引导下，采取统一练习、分组练习和个别练习的多种方法，并及时纠正或点评，也可采取同学之间互评、分组竞赛的方式来改善和充实单调的练习。

任务5 鞠躬

【知识基础】

鞠躬，意思是弯身行礼，是表示对他人敬重的一种郑重礼节。

此种礼节一般是下级对上级或同级之间、学生向老师、晚辈向长辈、服务人员向宾客表达由衷的敬意。

“鞠躬”起源于中国，商代有一种祭天仪式“鞠祭”：祭品牛、羊等不切成块，而将整体弯卷成圆的鞠形，再摆到祭处奉祭，以此来表达祭祀者的恭敬与虔诚。这种习俗在一些地方一直保持到现在。人们在现实生活中，逐步沿用这种形式来表达自己对地位崇高者或长辈的崇敬。在中国、日本、韩国、朝鲜等国家流行使用，特别是日本人对鞠躬礼最讲究，所以在同日本人打交道时要懂得这一礼节。

一、鞠躬的动作要领

① 保持正确的站立姿势，两腿并拢，双脚尖处微微分开，双目注视对方，随着上半身的下弯，目光落在不同位置。

② 男性双手放在身体两侧，女性双手合起放在身体前面。随着身体向下弯曲，双手逐渐向下，朝膝盖方向下垂。

③ 将伸直的腰背，由腰开始上身向前弯曲，后脑勺、肩部、臀部保持在同一平面。

④ 脖子不可伸得太长，不可挺出下颌。

⑤ 弯腰速度适中，之后抬头直腰，动作可慢慢做，这样令人感觉很舒服。

实训项目	动作规范		注意事项
鞠躬	距离	行鞠躬礼时，施礼者通常距离受礼者 2～3 步	① 表情要与对方互动。 ② 要用语言准确地表达态度。 ③ 鞠躬的次序，辈分、地位、职务较低的向辈分、地位、职务较高的鞠躬
	基本姿势	身体成标准站姿：男士双手自然下垂，贴放于身体两侧裤线处；女士右手搭在左手上，双手下垂搭放在腹前。身体以腰部为轴向前倾斜，目光随身体向下，同时问候“您好”“欢迎您光临”等，然后恢复原状	
	角度	15°（检查标准：眼睛看到前方约 1.5 m 处） 30°（检查标准：眼睛看到前方约 0.5 m 处） 90°（检查标准：目光垂直于地面）	
	表情	自然，符合场景	
	眼神	目视对方或地面	

二、适用的场合

常见的鞠躬礼有以下 3 种。

（一）三鞠躬

三鞠躬的基本动作规范如下：

① 行礼之前应当先脱帽，摘下围巾，身体肃立，目视受礼者。

② 男士的双手自然下垂，贴放于身体两侧裤线处；女士的双手下垂搭放在腹前。

③ 身体上部向前下弯约 90°，然后恢复原样，如此 3 次。

（二）深鞠躬

其基本动作同于三鞠躬，区别就在于深鞠躬一般只要鞠躬一次即可，但要求弯腰幅度一定要达到 90°，以示敬意。

（三）社交、商务鞠躬礼

① 行礼时，立正站好，保持身体端正。

② 面向受礼者，距离为两三步远。

③ 以腰部为轴，整个肩部向前倾 15°以上（一般是 60°，具体视行礼者对受礼者的尊敬程度而定），同时问候“您好”“早上好”“欢迎光临”等。

④ 朋友初次见面、同志之间、宾主之间、下级对上级及晚辈对长辈等，都可以鞠躬行礼表达对对方的尊敬。

三、鞠躬的注意事项

如果戴着帽子，鞠躬时应将帽子摘下，因为戴帽子鞠躬既不礼貌，也容易滑落，使自己处于尴尬境地。鞠躬时目光应向下看，表示一种谦恭的态度，不要一面鞠躬，一面试图翻起眼睛看对方。

任务 6　手势

【知识基础】

手势是极富表现力的一种“体态语言”，是通过手和手指活动传递信息，它作为信息传递方式不仅远远早于书面语言，甚至早于有声语言。正确地掌握和运用手势，可以增强感情的表达，提高人际交往和工作效果。

一、手势的规范标准

① 五指伸直并拢，注意将拇指并严。

② 腕关节伸直，手掌与前臂成一条直线。做动作时，肘关节既不要弯成 90°直角，也不要完全伸直，弯曲 140°为宜，男性可用平行手。

③ 掌心斜向上方，手掌与地面成 45°。

④ 身体稍前倾，肩下压，眼睛随手走，手臂位于头和腰之间。

⑤ 运用手势时，一定要目视对方，面带微笑，体现出对对方的尊重。

⑥ 一般来说，掌心向上的手势有一种诚恳、尊重他人的意义；向下则不够坦率，缺乏诚意等，但有时是权威性的表达，如开会时领导要求“安静”等。

二、手势的分类及适用场合

实训内容	动作规范	适用场合
横摆式	五指并拢伸直，掌心向上，手掌平面与地面成 45°，肘关节微屈为 140°左右，腕关节要低于肘关节。做动作时，手从腹前抬起，至上腹部处，然后以肘关节为轴向右（左）摆动，摆到身体右（左）侧稍前的地方停住。注意不要将手臂摆到体侧或体后，同时身体和头部微微由左向右倾斜，视线也随之移动；双脚并拢或成丁字步，左臂自然下垂或背在身后，目视客人，面带微笑	表示“请”“请进”
斜摆式	五指伸直并拢，手心向斜上方，一只手从身体的一侧抬起到高于腰部后，再以肘关节为轴，前臂由上向下摆动到距身体 45°处，使手臂向下成一条斜线，并微笑点头示意	请对方落座
直臂式	五指并拢伸直，曲肘由身前向左（右）斜前方抬起，抬到约与肩同高时，再向要指示的方向伸出前臂。与横摆式不同的是手臂高度与肩基本同高，肘关节伸直	为他人指示方向
曲臂式	五指伸直并拢，从身体的右侧前方，由下向上抬起，抬至上臂离开身体 105°时，以肘关节为轴，手臂由体侧向体前的左（右）侧摆动，摆到距身体 20 cm 处停住，掌心向上，手指尖指向左方，头部随着客人的移动转动	适用于单手持物或扶门时，须向对方做“请”的手势
双臂横摆式	两手五指分别伸直并拢，掌心向上，从腹前抬起至上腹部处，双手上下重叠，同时向身体两侧摆，摆至身体的侧前方，肘关节略微弯曲，上身稍向前倾，面带微笑，头微点，向他人致意	向多人表示“请”“请坐”

三、手势的不同含义

不同手势表达的含义也不同。在不同国家、不同地区、不同民族，由于文化习俗的不同，即使是同一手势，表达的含义也不相同。所以，手势的运用只有合乎当地习俗，才不至于闹出笑话。

（1）掌心向下招手

掌心向下的招手动作，在中国是招呼别人过来，在美国则是叫狗过来。

（2）翘起大拇指

翘起大拇指一般表示顺利或夸奖别人，但也有很多例外，在美国和欧洲部分地区，表示要搭车；在德国表示数字“1”；在日本表示“5”；在澳大利亚则是表示骂人“他妈的”。与对方谈话时，翘起大拇指反向指着第三者，即是对第三者的嘲讽。

（3）OK 手势

这种手势源于美国，将拇指、食指相接成环形，其余三指伸直，掌心向外，在美国表示“同意”“顺利”“很好”的意思；在法国则表示“零”或“毫无价值”；在日本表示“钱”；在泰国表示“没问题”；在巴西则表示粗俗下流。

（4）V 形手势

这种手势是“二战”时英国首相丘吉尔首先使用的，现在已传遍世界，是表示“胜利”。如果不注意，将掌心向内，就变成骂人的手势了。

（5）举手致意

这一般用来向他人表示问候、致敬、感谢等，也叫挥手致意。当看见熟悉的人，又无暇分身的时候，就举手致意，可以立即消除对方的被冷落感。但要注意掌心向外，向着对方，指尖朝向上方，千万不要忘记伸开手掌。

（6）与人握手

在见面之初、告别之际、慰问他人、表示感激、略表歉意的时候，我们往往会以手和他人相握。但要注意先后顺序，握手时，双方伸手的先后顺序应为“尊者在先”，即地位高者先伸手，地位低者后伸手；如果是服务人员通常不要主动伸手与服务对象相握。握手时，一般 3～5 秒钟即可。通常应该用右手与人相握，左手不宜使用，双手相握也不常用。

（7）双手抱头

很多人喜欢用单手或双手抱在脑后，这一体态的本意是放松。但在外人面前，如果这么做，就会给人一种目中无人的感觉。

（8）摆弄手指

反复摆弄自己的手指，要么活动关节，要么捻响，要么攥着拳头，或是手指动来动去，往往会给人一种无聊的感觉，让人难以接受。

（9）手插口袋

在工作中，通常不允许把一只手或双手插在口袋里。这种表现会让人觉得你在工作上不尽力，忙里偷闲。

任务7　微笑

【知识基础】

微笑是人的一种生理现象，也是人们思想感情的外露。它具有沟通感情、传递信息的作用。笑容能够消除人与人之间的陌生感，使人产生心理上的安全感、亲切感和愉悦感。俗话道“见人三分笑，礼数已先到”。微笑是“参与社交的通行证”，也是一种礼节。

一、微笑及其分类

不同场合的微笑能传达不同含义。初次见面，笑容是问候语；逢年过节，笑容是祝贺歌；交往有误解，笑容是道歉语；送别友人，笑容是欢送词。笑容是人们相互交融、相互感染的过程，能够创造出融洽、和谐、互尊、互爱的气氛，能够减轻人们身体上和心理上的压力。

微笑能体现一个人内心喜悦的情感。面露平和、欢愉的微笑，表现出自信、真诚、友善的情感，很容易被交往对象所接受，并缩短心理距离，无形中产生吸引别人的魅力。微笑时，先要放松自己的面部肌肉，然后嘴角两端平均地微微向上翘起，让嘴唇略呈弧形。微笑时，应当目光柔和和发亮，双眼略微睁大，眉头自然舒展，眉毛微微向上扬起。

根据微笑的程度划分，微笑分为一度微笑、二度微笑和三度微笑。

所谓一度微笑是指只动嘴角肌，不露牙齿，有淡淡的笑意，初次视线接触使用；二度微笑是指嘴角肌和颧骨肌同时运动，嘴巴微张，露出 4 颗牙齿，在彼此关系进一步熟悉后视线接触时使用；三度微笑是指嘴角肌和颧骨肌与眼睛周围的扩纹肌同时运动，一般可露出 6～8 颗牙齿，用于表现真诚、平和和满意的情绪。

二、微笑练习方法

在日常生活中，可以通过以下方式训练微笑的表情。

① 照镜子练习法：对着镜子调整自己的嘴型，把手指放在嘴角并向脸的上方轻轻上提，一边上提，一边使嘴充满笑意，注意与面部其他部位和眼神的协调，做使自己最满意的微笑表情，到离开镜子时也不要改变它。

② 情绪记忆法：将自己生活中最高兴的事情中的情绪储存在记忆中，当需要微笑时，可以想起那件最令人兴奋的事件，脸上会流露出笑容。

③ 发音练习法：发“一”“七”“茄子”“田七”“威士忌”的音，练习嘴角肌的运动，使嘴角露出微笑。

④ 筷子训练法：门牙轻轻咬住筷子，嘴角对准筷子，两边都要翘起，并观察连接嘴唇两端的线是否与筷子在同一水平线上，保持这个状态 10 秒钟。

⑤ 情景熏陶法：通过美妙的音乐创造良好的环境氛围，学会会心的微笑，或者相互之间通过打招呼、讲笑话来练习微笑，并相互纠正不正确的地方。

任务 8　目光

【知识基础】

“心灵之窗”的眼睛在很大程度上能如实反映一个人的内心世界。目光是人交往时的一种深情的、含蓄的无声语言，往往可以表达有声语言难以表现的意义和情感。人们相互间的信息交流，总是以目光交流为起点。

人们在日常生活中借助眼神所传递出的信息，可被称为眼语。在人类的五种感觉器官——眼、耳、鼻、舌、身中，眼睛最为敏感，它通常占人类总体感觉的 70%左右。

眼语的构成，一般涉及时间、角度、部位、方式、变化 5 个方面。目光礼仪，或称眼睛眼神礼仪也据此分别说明。

一、注视的时间

在人际交往中，尤其是与熟人相处中，注视对方时间的长短往往十分重要。在交谈中，听的一方通常应多注视说的一方。

① 表示友好。若对对方表示友好，则注视对方的时间应占全部相处时间的 1/3 左右。

② 表示重视。若对对方表示关注，则注视对方的时间应占全部相处时间的 2/3 左右。

③ 表示轻视。若注视对方的时间不到相处全部时间的 1/3，往往意味着对其瞧不起，或没有兴趣。

④ 表示敌意。若注视对方的时间超过了全部相处时间的 2/3 以上，往往意味着对对方抱有敌意。

二、注视的角度

在注视他人时，目光的角度，即其发出的方向，是事关与交往对象亲疏远近的一大问题。注视的常规角度有以下几种：

① 平视。即视线呈水平状态，也叫正视。一般适用于在普通场合与身份、地位平等的人进行交往。

② 侧视。它是一种平视的特殊情况，即位居交往对象一侧，面向对方，平视着对方。它的关键在于面向对方，否则即斜视对方，那是很失礼的。

③ 仰视。即主动居于低处，抬眼向上注视他人。表示尊重之意，适用于面对尊长之时。

④ 俯视。即眼睛向下注视他人，一般用于身居高处之时。表示对晚辈的宽容、怜爱，也可对他人表示轻慢、歧视。

三、注视的部位

在人际交往中，目光所及之处就是注视的部位。注视他人的部位不同，不仅说明自己的态度不同，也说明双方关系有所不同。

在一般情况下，与他人相处时，不宜注视其头顶、大腿、脚部与手部。对异性而言，通常不应注视其肩部以下，尤其是不应注视其胸部、腿部。注视的常规部位有：

① 双眼。注视对方双眼，表示自己聚精会神，一心一意，重视对方，但时间不宜过久。

② 额头。注视对方额头，表示严肃、认真、公事公办。这叫作公务型注视，适用于公务活动中。

③ 眼部至唇部。注视这一区域，是社交场合面对交往对象时所用的常规方法，因此也叫社交型注视。

④ 眼部至胸部。注视这一区域，表示亲近、友善，多用于关系密切的男女之间，故称亲密型注视。

⑤ 任意部位。对他人身上的某一部位随意一瞥，可表示注意，也可表示敌意。这叫做随意型注视，多用于在公共场所注视陌生之人。

四、注视的方式

注视他人，在社交场合可以有多种方式的选择。其中，最常见的有：

① 直视。即直接注视交往对象，它表示认真、尊重，适用于各种情况。若直视他人双眼，即称为对视，对视表明自己大方、坦诚，或是关注对方。

② 凝视。它是直视的一种特殊情况，即全神贯注地进行注视，多用于表示专注、恭敬。

③ 盯视。即目不转睛，长时间地凝视某人的某一部位。这表示出神或挑衅，故不宜多用。

④ 虚视。它是相对于凝视而言的一种直视，其特点是目光不聚焦于某处，眼神不集中。它多表示胆怯、疑虑、走神、疲乏，或是失意、无聊。

⑤ 扫视。即视线移来移去，注视时上下左右反复打量。它表示好奇、吃惊。也不可多用，对异性尤其应禁用。

⑥ 睥视。即斜着眼睛注视。它多表示怀疑、轻视，一般应忌用。与初识之人交往时，尤其应当忌用。

⑦ 环视。即有节奏地注视不同的人或事物。它表示认真重视，适用于同时与多人打交道，表示自己“一视同仁”。

五、注视的变化

在人际交往中，目光、视线、眼神都是时刻变化的，它主要表现为：

① 眼皮的开合。人的内心情感变化，会使其眼睛周围的肌肉进行运动，从而使其眼皮的开合也产生改变。

② 瞳孔的变化。瞳孔的变化往往显而易见，但却不由自主地反映着人们的内心世界。平时，它变化不多。若突然变大，发出光芒，目光炯炯时，表示惊奇、喜悦、感兴趣；若突然缩小，双目无光，即所谓双目无神时，表示伤感、厌恶、毫无兴趣。

③ 眼球的转动。眼球的转动，不应表现得反常。若其反复转动，表示在动心思。

④ 视线的交流。在人际交往中，与他人的交流视线，常可表示特殊含义。其一，可表示爱憎；其二，可表示地位；其三，可表示补偿；其四，可表示惊吓。它的具体做法因人因事而异。与他人交往，不交流视线不行，交流视线不当也不行。

六、练习方法

为了使眼睛成为传神的灵动工具，在正确运用眼神的同时，还要注意眼睛的表现力，使自己的眼神更灵活、晶亮，更富于感染力，使微笑的表情更自然亲切。

① 睁大眼睛训练：有意识地练习睁大眼睛的次数，增强眼部周围肌肉的力量。

② 转动眼球训练：头部保持稳定，眼球尽最大的努力向四周做顺时针和逆时针 360°转动，增强眼球的灵活性。

③ 视点集中训练：点上一支蜡烛，视点集中在蜡烛火苗上，并随其摆动，坚持训练可达到目光集中、有神，眼球转动灵活。

④ 目光集中训练：眼睛盯住 3 m 左右的某一物体，先看外形，逐步缩小范围到物体的某一部分，再到某一点，再到局部，再到整体。这样可以提高眼睛明亮度，使眼睛变得有神。

⑤ 影视观察训练：观看录像资料，注意观察和体会优秀影视剧中的演员和节目主持人，是如何通过眼神来表达内心情感的。

【实训内容】

项目 1：站姿训练

实训目标：掌握站姿的基本要领和不同场合下的站姿，纠正不良站姿。

训练学时：1 学时。

实训地点：形体训练室。

实训准备：纸张、相关书籍、音乐播放器材、音乐歌曲 CD、磁带等。

实训方法：见知识基础。

项目 2：坐姿训练

实训目标：掌握坐姿的基本要领和不同场合下的坐姿，纠正不良坐姿。

训练学时：1 学时。

实训地点：形体训练室。

实训准备：靠背椅若干把、相关书籍、音乐播放器材、音乐歌曲 CD、磁带等。

实训方法：见知识基础。

项目 3：走姿训练

实训目标：掌握走姿的基本要领和特定场合下的走姿，纠正不良走姿。

实训学时：1 学时。

实训地点：形体训练室。
实训准备：相关书籍、音乐播放器材、音乐歌曲 CD、磁带等。
实训方法：见知识基础。

项目 4：蹲姿训练

实训目标：掌握蹲姿的基本要领和特定场合下的蹲姿，纠正不良蹲姿。
实训学时：1 学时。
实训地点：形体训练室。
实训准备：相关书籍、音乐播放器材、音乐歌曲 CD、磁带等。
实训方法：见知识基础。

项目 5：鞠躬

实训目标：掌握鞠躬的动作要领以及不同场合的鞠躬，纠正不良鞠躬。
实训学时：1 课时。
实训地点：形体训练室。
实训准备：音乐播放器材、音乐歌曲 CD、磁带。
实训方法：见知识基础。

项目 6：手势训练

实训目标：掌握手势的基本要领，常用手势的标准，纠正不正确的手势。
实训学时：1 学时。
实训地点：形体训练室。
实训准备：音乐播放器材、音乐歌曲 CD、磁带、投影设备、毛泽东、周恩来等伟人的音像资料、剪刀、文件等。
实训方法：见知识基础。

项目 7：微笑训练

实训目标：掌握微笑的基本要领，在交往中正确使用微笑，养成爱微笑的习惯。
实训学时：1 学时。
实训地点：形体训练室。
实训准备：筷子、每人一面小镜子、音乐播放器材、音乐歌曲 CD、磁带、优秀影视剧中的演员和节目主持人通过眼神表达内心情感的影像资料等。
实训方法：见内容基础。

项目 8：眼神训练

实训目标：掌握眼神的基本要领，正确使用眼神。

实训学时：1 学时。

实训地点：形体训练室。

实训准备：每人一面小镜子、音乐播放器材、音乐歌曲 CD、磁带、优秀影视剧中的演员和节目主持人通过眼神表达内心情感的影像资料等。

实训方法：见内容基础。

【案例讨论】

案例一

这天，天旭发展有限公司的业务员刘某按原计划，拿着样品兴冲冲地登上世贸中心办公楼六楼的国城有限公司，脸上的汗珠还没来得及擦一下，便直接走进了业务部张经理的办公室，将样品送给张经理。当他看到张经理接过去并吩咐秘书给他礼貌地端上一杯茶后，感觉这笔业务应该谈成了，如释重负地往沙发上舒服地一坐，跷起二郎腿，脚尖习惯性地上下颠动。此时的他感觉有点热，便将领带松开，衬衣的扣子也解开了，一边自顾自地吸烟一边悠闲地环视着张经理的办公室。趁张经理打电话的期间，还径直走到张经理的办公桌前，随手拿起桌上精美的笔筒把玩起来。

请分析刘某的不恰当举动。

案例二

今年刚毕业的大学生李某终于接到了一个公司的面试电话，她提前十分钟到达面试公司，在前台的指引下来到会议室暂时等待，看到其他不认识的应聘者，李某习惯性地到一个角落，自顾自地玩起手机。等到有人喊到她的名字时，李某推开面试间的门，不等面试官说话就一屁股坐到他的对面，双手牢牢地将包护在胸前，头也不敢抬。

在面试官提问过程中，她害羞得不敢直视面试官，只是偶尔地撇一下，然后目光迅速转移到其他地方。回答问题时，由于过于紧张，她习惯性地用手缠绕起头发，“呃，呃……这个问题”成为她每次说话的开头语。面试结束后，李某起身推开椅子，拿起包，头也不回地加快脚步一路小跑离开面试间。走廊里回荡着她沉重而又急促的脚步声。

实训项目四 日常交往篇

任务1 称呼礼仪

【知识基础】

称呼指的是人们在日常交往中所采用的称谓语。在人际交往中，选择正确、适当的称呼，不仅反映了自身的教养、对对方尊敬的程度，甚至还体现着双方关系发展所达到的程度和社会风尚，因此关于称呼的使用一定要规范恰当。称呼他人时，应注意合乎常规与入乡随俗这两点。

一、称呼语的使用

（一）对人用敬称

根据我国的传统礼仪，称呼人家的亲属时也应当用敬称，用得最为广泛的是以“令、尊、贵、贤”等构成的一系列敬称词。

由尊称引发开去，凡是与对方关联的事物都应加上尊敬的词语，即敬语、敬辞。如称对方的单位为“贵厂、贵校、贵公司”；称对方的住处为“贵府”；问对方的姓名时用“贵姓”等。

（二）对己用谦称

对自己的谦称常用“在下、学生、小弟、鄙人”等。按照传统礼仪的习惯，在向他人称呼自己的亲属时，常在亲属称呼前冠以“家、舍”等字。一般说来，“家”用于指称比自己辈分高、年长的亲人，如向人称自己的父亲为“家父”或“家严”，母亲为“家母”或“家慈”。“舍”则用于向人谦称比自己卑幼的亲人，如对人称自己的弟弟为“舍弟”，侄子为“舍侄”等。

（三）准确使用“先生、小姐”等称呼

目前在社会交往中，对男性可一律尊称为“先生”；而对女性的称呼就比较复杂。应根据对方的婚姻状况，分别称为“小姐”（未婚女性）、“太太或夫人”（已婚女性）、“女士”（婚姻状况不明者）等。在称对方“太太或夫人”时，必须谨慎。如果没有把握，宁可称其为“小姐”，也不要冒称。

二、职场称呼

在工作环境中，人们彼此之间的称呼是有其特殊性的，这就是职场称呼。职场称呼的礼仪要求可以概括为正式、庄重、规范。一般职场称呼可分为五种称呼方式。

（一）职务性称呼

在工作中，最常见的称呼方式是以交往对象的职务相称，以示身份有别、敬意有加，这是一种最常见的称呼方法。以职务相称，具体来说又分为3种情况：

① 仅称职务。例如：“部长”“经理”“主任”等。

② 在职务之前加上姓氏。例如：“周总理”“隋处长”“马委员”等。

③ 在职务之前加上姓名，这仅适用极其正式的场合。例如：“习近平总书记”。

（二）职称性称呼

对于具有职称者，尤其是具有高级、中级职称者，可以在工作中直接以其职称相称。以职称相称，也有下列3种情况较为常见。

① 仅称职称。例如：“教授”“律师”“工程师”等。

② 在职称前加上姓氏。例如：“钱编审”“孙研究员”。有时，这种称呼也可加以约定俗成的简化，例如，可将“吴工程师”简称“吴工”。但使用简称应以不发生误会、歧义为限。

③ 在职称前加上姓名，它适用于十分正式的场合。例如：“安文教授”“杜锦华主任医师”“郭雷主任编辑”等。

（三）学衔性称呼

在工作中，以学衔作为称呼，可增加被称呼者的权威性，有助于增强现场的学术气氛。称呼学衔，也有四种情况使用最多。它们分别是：

① 仅称学衔。例如：“博士”。

② 在学衔前加上姓氏，例如："杨博士"。

③ 在学衔前加上姓名，例如："杨静博士"。

④ 将学衔具体化，说明其所属学科，并在其后加上姓名。例如："史学博士周燕""工学硕士郑伟""法学学士李永珍"等。这种称呼最为正式。

（四）行业性称呼

在工作中，有时可按行业进行称呼。它具体又分为两种情况。

① 称呼职业，即直接以被称呼者的职业作为称呼。例如，将教员称为"老师"，将教练员称为"教练"，将专业辩护人员称为"律师"，将警察称为"警官"，将会计师称为"会计"，将医生称为"医生"或"大夫"等。在一般情况下，在此类称呼前，均可加上姓氏或姓名。

② 称呼"小姐""女士""先生"。对商界、服务业从业人员，一般约定俗成地按性别的不同分别称呼为"小姐""女士"或"先生"。其中，"小姐""女士"二者的区别在于：未婚者称"小姐"，已婚者或不明确其婚否者则称"女士"。在公司、外企、宾馆、商店、餐馆、歌厅、酒吧、寻呼台、交通行业，此种称呼非常通行。在此种称呼前，可加姓氏或姓名。也可以在此前以职务在先，姓名在后的顺序，再加上其他称呼。

（五）姓名性称呼

在工作岗位上称呼姓名，一般限于同事、熟人之间。其具体方法有3种：

① 直呼姓名。

② 只呼其姓，不称其名，但要在它前面加上"老""大""小"。

③ 只称其名，不呼其姓，通常限于同性之间，尤其是上司称呼下级、长辈称呼晚辈之时。在亲友、同学、邻里之间，也可使用这种称呼。

三、称呼的禁忌

（一）使用错误的称呼

这种称呼主要在于粗心大意，用心不专。常见的错误有以下两种。

① 误读。误读也就是念错姓名。为了避免这种情况发生，对于不认识的字，事先要有所准备；如果是临时遇到，就要谦虚请教。

② 误会。主要是对被称呼的年纪、辈分、婚否以及与其他人的关系作出了错误判断。比如，将未婚妇女称为"夫人"，就属于误会。

（二）使用过时的称呼

有些称呼具有一定的时效性，一旦时过境迁，若再采用，难免贻笑大方。在我国古代，对官员称为“老爷、大人”，若将它们全盘照搬进现代生活里来，就会显得滑稽可笑、不伦不类。

（三）使用不通行的称呼

有些称呼，具有一定的地域性。比如山东人喜欢称呼“伙计”，但南方人听来“伙计”肯定是“打工仔”；中国人把配偶经常称为“爱人”，在外国人的意识里，“爱人”是“第三者”的意思。

（四）使用不当的称呼

工人可以称呼为“师傅”，道士、和尚、尼姑可以称为“出家人”。但如果用这些来称呼其他人，没准还会让对方产生自己被贬低的感觉。

（五）使用庸俗的称呼

有些称呼在正式场合不适合使用。例如，“兄弟”“哥们儿”等一类的称呼，虽然听起来亲切，但显得档次不高。

（六）称呼外号

对于关系一般的，不要自作主张给对方起外号，更不能用道听途说来的外号去称呼对方。也不能随便拿别人的姓名乱开玩笑。

任务2　握手礼仪

【知识基础】

握手是一种无声的动作语言。它是人际交往中使用频率最高、适应范围最广泛的一种礼节。见面、离别，迎来、送往，庆贺、致谢，鼓励、慰问等场合均可施行。握手，双方往往是先打招呼，后握手致意。握手是为了表示一种友好的交流，可以沟通思想、交流感情、增进友谊。热情、文雅、得体的握手能让人感受到愉悦、信任和接受，能够加深双方的理解、信任。因此，正确使用握手礼在各种社交场合非常重要。

一、握手的次序

在比较正式的社交场合，握手礼体现出来的最为重要的礼仪问题，就是握手时双方应由谁先伸手，要遵守“位尊者有决定权”的原则，即由位尊者决定双方是否有握手的必要。在不同场合，“位尊者”的含义不同。

在商务场合中，“位尊者”的判断顺序为“职位—主宾—年龄—性别—婚否”。上下级关系中，上级应先伸手，以表示对下级的亲和与关怀；主宾关系中，主人宜先伸手以表示对客人的欢迎；根据年龄判断时，年长者应主动伸手以表示对年轻者的欣赏和关爱；根据性别判断时，女性宜主动伸手，以表示大方、干练的职业形象；根据婚姻情况做出判断时，已婚者应向未婚者先伸手以表示友好。

在纯粹的社交场合，判断顺序有所不同，应以“性别—主宾—年龄—婚否—职位—先到”作为“位尊者”的判断顺序。关系密切的朋友之间，有时以谁先伸手表示更加热情的期待和诚意。在送别客人时，应由客人先伸手告别，避免由主人先伸手而产生逐客之嫌。社交场合先至者与后至者之间，先至者伸出手后，后至者才能伸手相握。

二、握手的方式

握手的标准方式，是行礼时行至距离握手对象约 1 m 处，双腿立正，上身略向前倾，伸出右手，四指并拢，拇指张开与对方相握。握手时应用力适度，上下稍许晃动三四次，随后松开手来，恢复原样。

（一）身体姿势

无论在哪种场合，无论双方的职位或年龄相差有多大，都必须起身站直后再握手，坐着握手是不合乎礼仪的。握手时上身应自然前倾，行 15°欠身礼。手臂抬起的高度应适中。

（二）距离

握手时，双方彼此之间的最佳距离为 1 m 左右，因此握手时双方均应主动向对方靠拢。若双方距离过大，显得像是一方有意讨好或冷落一方。若双方握手时距离过小，手臂难以伸直，也不大好看。

（三）手位

在握手时，手的位置至关重要。常见的手位有两种，即：

① 单手相握。以右手单手与人相握，这是最常用的握手方式。单手与人相握时，手掌垂直于地面最为适当，称为“平等式握手”，表示自己不卑不亢。掌心向上，表示自己谦恭、谨慎，称为“友善式握手”。掌心向下，则表示自我感觉甚佳，自高自大，称作“控制式握手”。

② 双手相握。即用右手握住对方右手后，再以左手握住对方右手的手背。这种方式，适用于亲朋故旧之间，可用以表达自己的深情厚谊。一般而言，此种方式的握手不适用于初识者与异性，因为它有可能被理解为讨好或失态。这一方式亦称“手套式握手”。双手相握时，左手除握住对方右手手背外，还有人握住对方右手手腕、握住对方右手手臂、按住或拥住对方右肩，这些做法除非是面对至交，最好不要滥用。

（四）力度

握手的力度能够反映出人的性格。太大的力度会显得人鲁莽有余、稳重不足；力度太小又显得有气无力、缺乏生机。因此，建议握手的力度大致在两公斤左右为宜，让对方感受到自己的热情友好。与亲朋故旧握手时，所用的力量可以稍为大一些；而在与异性以及初次相识者握手时，则千万不可用力过猛。当对方久久地、强有力地握着你的手，且边握边上下晃动时，说明他对你的感情是真挚而热烈的；但对方握你手时连手指都不愿意弯曲，只是例行公事般地敷衍一下，没有任何力度，则说明对方对你的感情是冷淡的。另外，男士握女士的手时应该轻一点，不要握满全手，只要握住手指部分即可。

（五）时间

在普通情况下，与他人握手的时间不宜过短或过长。大体来讲，握手的全部时间应控制在 3 秒钟左右，上下晃动两三次较为合适。握手时两手稍触即分，时间过短，好似在走过场，又像是怀有戒意；而与他人握手时间过久，尤其是拉住异性或初次见面者的手长久不放，容易引起误会或不快。

（六）神态

与人握手时，应神态专注，热情、友好、自然。在通常情况下，与人握手时，应面含笑意，目视对方双眼，并且口道问候。在握手的过程中，假如你的眼神游离不定，他人会对你的心理稳定性产生怀疑，甚至认为你不够尊重。握手时的微笑，会使气氛更加融洽，使握手礼更加圆满。

三、握手的注意事项

在人际交往中，握手虽然司空见惯，看似寻常，但是由于它可被用来传递多种信息，因此在握手礼时应努力做到合乎规范，并且避免违犯下述失礼的禁忌。

① 不可在握手时戴着手套。无论男女，在公共场合中，与人握手均不能戴手套，即使你的手套十分洁净也不行。但是有两种情况例外。一是在隆重的晚会上，女士穿着礼服，可戴着薄纱的长手套握手。二是军人、武警依仗队员在执行公务时，可戴礼服所配手套行握手礼。

② 不可在握手时争先恐后，而应当遵守秩序，依次而行。特别要记住，与基督教信徒交往时，要避免两人握手时与另外两人相握的手形成交叉状，这种形状类似十字架，在基督教信徒中是很不吉利的。

③ 不可用左手与他人握手。尤其是一些东南亚国家，如印度、印度尼西亚等，人们不用左手与他人接触，因为他们认为左手是不洁净的。万一因故（如右手患疾或沾有油污等）不能用右手相握，则主动向对方致歉并加以说明，免除握手礼。

④ 不可在握手时戴着墨镜，只有患有眼疾或眼部有缺陷者方可例外。

⑤ 不可在握手时将另外一只手插在衣袋里。

⑥ 不可在握手时另外一只手依旧拿着东西而不肯放下，例如仍然拿着香烟、报刊、公文包、行李等。

⑦ 不可以肮脏不洁或患有传染性疾病的手与他人相握。

⑧ 不可在与人握手之后，立即揩拭自己的手掌，好像与对方握一下手就会使自己受到“污染”似的。

⑨ 不可在握手时只递给对方一截冷冰冰的手指尖，像是迫于无奈似的。这种握手方式在国外叫做“死鱼式握手”，被公认是失礼的做法。

⑩ 不可出手太慢。此举会让人觉得你不愿意与他人握手。

⑪ 不可强加于人，在对方无意的情况下强行与其握手。

⑫ 不可握手时三心二意，目光游离，甚至和其他人说话。

⑬ 不可时间过短，稍碰即离；也不可时过长，让人无所适从。

⑭ 不可用力不当，让人感觉敷衍鲁莽。

⑮ 不可拒绝与他人握手。握手是友好的表示，如果对方主动伸手与你相握，即便是对方没有顾及礼仪次序，你也要宽容地与对方握手。

【实训拓展】

握手的起源

握手最早发生在人类“刀耕火种”的年代。那时，在狩猎和战争时，人们手上经常拿着石块或棍棒等武器。他们遇见陌生人时，如果大家都无恶意，就要放下手中的东西，并伸开手掌，让对方抚摩手掌心，表示手中没有藏武器。这种习惯逐渐演变成今天的“握手”礼节。

也有一种很普遍的说法是中世纪战争期间，骑士们都穿盔甲，除两只眼睛外，全身都包裹在铁甲里，随时准备冲向敌人。如果表示友好，互相走近时就脱去右手的甲胄，伸出右手，表示没有武器，互相握手言好。后来，这种友好的表示方式流传到民间，就成了握手礼。当今行握手礼也都是不戴手套，朋友或互不相识的人初识、再见时，先脱去手套，才能施握手礼，以示对对方尊重。

握手反映着不同的民族文化。在许多国家或地区，由于民族文化和风俗习惯的不同，握手的形式也有所不同。如法国人在进出一个房间时都要握手；德国人只握一次手；一些非洲人握手之后会将手指弄出清脆的响声，表示自由；而美国人的握手好像力量竞赛，典型的美国式握手是所谓“政客式”握手，美国人比较不拘礼节，第一次见面笑一笑，说声“嗨”或“哈罗”并不正式地握手；对意大利人不要主动握手，只有对方主动伸手时，才可以自然地伸手相握；日本男人往往一边握手一边鞠躬，而日本女士则一般不跟别人握手，只是行鞠躬礼；菲律宾有些地方，人们握过手会转身向后退几步，向对方表明身后没有藏刀，是真诚的握手；尼日利亚人在握手前要用大拇指在手上轻轻弹几下然后再握手；坦桑尼亚人则在见面时先拍拍自己的肚子，然后鼓掌，再相互握手。

其他致意礼节

除了握手礼节之外，人们日常交往中还经常使用以下礼节，表达对对方的致意或问候：

（1）欠身

欠身是向别人表示自谦的礼貌举止，它与鞠躬略有差别。鞠躬要低头，而欠身仅身体稍向前，两眼仍可直视对方；鞠躬一定要站着，欠身则可站着，亦可坐着。

（2）点头

点头是与别人招呼时常用的礼貌举止，通常用于会场、路遇和迎送的场合。

尤其是在会场不便说话之时，在迎送者多人时，用点头可以向许多人同时致意。

（3）起立

起立是向尊长、来宾表示敬意的礼貌举止，常用于上课前学生对老师，开会时对重要领导、来宾、报告人到场时的致敬。平时，坐着的位低者看到刚进屋的位尊者，坐着的男子看到站立着的女子，或者在送他们离去时，也都可以用起立表示自己的敬意。

（4）举手

举手也是与别人招呼时的礼貌举止。手举过头，通常用于远距离向对方问候；手举不过头，常用于中距离向对方问候；手举过头并左右摆动，常用于送别场面，表示依依不舍。

（5）拱手

拱手是身份相仿者之间互致敬意的礼貌举止。拱手即双手相抱，一般是左手抱住右手，上举齐眉，下至胸前，上下摇动几下，表示致敬、庆贺。拱手礼是一种极具民族特色的礼节，它既可以避免人数众多时握手的不便，又可以不受距离的限制，特别适用于春节拜年、单位团拜、亲朋好友聚会或向别人祝贺的场合。

（6）合十

即双手合掌于胸前。这是兼有敬意和谢意的礼貌举止，原本是出家人即佛门弟子之间的礼节，后流传到俗家人之间。这种礼节举止文雅，所以不少人也乐于使用。

任务3 介绍礼仪

【知识基础】

在人际交往中，人们经常会认识新朋友，这就离不开介绍的礼节。介绍是指经过自己主动沟通或通过他人从中沟通，从而使交往双方互相认识、增进了解的基本方式。介绍可以缩短人与人之间的距离，可以扩大自己的交际圈，为人与人的互相认识搭起一座桥梁。根据介绍者的不同，可以分为自我介绍、他人介绍和集体介绍三种类型。

一、自我介绍

这是最常用的一种介绍方式。当自己与他人初次见面时，将自己介绍给他人，使对方认识自己。

（一）自我介绍的时机

一般情况下，何时介绍和场合有关，在下面的环境中有必要进行适当的自我介绍。

① 在交往中与不相识者相处时。

② 有不相识者要求我们作自我介绍时。

③ 有不相识者表现出对自己感兴趣时。

④ 自我推荐、自我宣传时。

（二）自我介绍的内容

具体而言，依据自我介绍的内容方面的差异，它可以分为 4 种形式。

① 应酬型。适用于一般性的人际接触，只是简单地介绍一下自己。如“您好！我的名字叫×××。”

② 沟通型。也适用于普通的人际交往，但是意在寻求与对方交流或沟通。内容上可以包括本人姓名、单位、籍贯、兴趣等。如：“您好！我叫×××，浙江人。现在在一家银行工作，您喜欢看足球吧，嗨，我也是一个足球迷。”

③ 工作型。以工作为介绍的中心，以工作而会友。其内容应重点集中于本人的姓名、单位以及工作的具体性质。如：“女士们，先生们，各位好！很高兴有机会把我介绍给大家。我叫×××，我是海风公司的业务经理，专门营销电器，有可能的话，我随时都愿意替在场的各位效劳。”

④ 礼仪型。适用于正式而隆重的场合，属于一种出于礼貌而不得不作的自我介绍。其内容除了必不可少的三大要素以外，还应附加一些友好、谦恭的语句。如：“大家好！在今天这样一个难得的机会中，请允许我作一下自我介绍。我叫×××，来自杭州××公司，是公司的公关部经理。今天，是我第一次来到美丽的西双版纳，这美丽的风光一下子深深地吸引了我，我很愿意在这多待几天，很愿意结识在座的各位朋友，谢谢！”

（三）自我介绍的注意事项

① 抓住时机。在对方有空闲，而且情绪较好，又有兴趣时作自我介绍。这样就不会打扰对方，又能让对方很快记住。

② 态度自然。自我介绍时态度一定要自然、友善、亲切、随和。应镇定自信、落落大方、彬彬有礼，表现出自己渴望认识对方的真诚情感。任何人都以被他人重视为荣幸，如果你态度热忱，对方也会热忱。语气要自然，语速要正常，语音

要清晰。在自我介绍时镇定自若，潇洒大方，有助于给人留下好感；相反，如果流露出畏怯和紧张，结结巴巴，目光不定，面红耳赤，手忙脚乱，则会为他人所轻视，彼此间的沟通便有了阻隔。

③ 注意时间。最好能够简洁地进行一分钟自我介绍或不超过一分钟都行。为了节省时间，作自我介绍时，还可利用名片、介绍信加以辅助。

④ 注意方法。进行自我介绍，应先向对方点头致意，得到回应后再向对方介绍自己。如果有介绍人在场，自我介绍则被视为不礼貌的。应善于用眼神表达自己的友善，表达关心以及沟通的渴望。如果你想认识某人，最好预先获得一些有关他的资料或情况，诸如性格、特长及兴趣爱好。这样在自我介绍后，便很容易融洽交谈。在获得对方的姓名之后，不妨口头加重语气重复一次，因为每个人最乐意听到自己的名字。

二、他人介绍

又称第三者介绍，是指由第三者为彼此不相认识的双方所进行的引荐、介绍。他人介绍通常是双向的，也就是说，要把被介绍双方各自做一番介绍。有时，也可以进行单向的他人介绍，即只把被介绍者中的某一方介绍给另一方，这样做的前提是前者认识后者，后者不认识前者。

（一）介绍的顺序

为他人介绍时，要遵守“尊者优先”为原则，让位尊者先了解情况，以便见机行事，在交际中掌握主动权。

① 先把年轻的介绍给年长的。

② 先把职位低的介绍给职位高的。

③ 先把主人介绍给宾客。

④ 先把男士介绍给女士。

⑤ 先把未婚者介绍给已婚者。

⑥ 先把晚到者介绍给早到者。

（二）介绍的注意事项

① 介绍前，一定要征求一下双方的意见，切勿贸然行事，否则会显得很唐突，让被介绍者感到措手不及。

② 介绍时，要注意介绍方式。在正式场合中，不宜直呼其名介绍，而要使用诸如“王先生，请允许我向您介绍一下，这是我的上司李总”这样标准的句式。

③ 介绍时，应伸开手指，五指并拢，掌心向上，伸向被介绍人作示意。切忌用手指指点点。介绍时还可顺便介绍一下双方其他的情况，如单位、职务、籍贯或彼此的关系以活跃气氛。

④ 介绍人和被介绍人都应起立，以示尊重和礼貌；待介绍人介绍完毕后，被介绍双方应微笑点头示意或握手致意。

⑤ 在宴会、会议桌、谈判桌上，视情况介绍人和被介绍人可不必起立，被介绍双方可点头微笑致意；如果被介绍双方相隔较远，中间又有障碍物，可举起右手致意，点头微笑致意。

⑥ 介绍完毕后，被介绍者双方应依照合乎礼仪的顺序握手，并且彼此问候对方。问候语有“你好”“很高兴认识你”“久仰大名”“幸会幸会”等，必要时还可以进一步做自我介绍。

⑦ 在介绍中要避免过分赞扬某个人，不要给人留下厚此薄彼的感觉。

⑧ 介绍人在介绍后，不要随即离开，应给双方交谈提示话题，可有选择地介绍双方的共同点，如相似的经历、共同的爱好和相关的职业等，待双方进入话题后，再去招呼其他客人。当两位客人正在交谈时，切勿立即给其介绍别的人。

三、集体介绍

集体介绍是他人介绍的一种特殊形式，被介绍者一方或双方都不止一人，大体可分两种情况：一是为一人和多人作介绍；二是为多人和多人作介绍。

（一）集体介绍的时机

① 规模较大的社交聚会，有多方参加，各方均可能有多人，为双方做介绍。

② 大型的公务活动，参加者不止一方，而且各方不止一人。

③ 涉外交往活动，参加活动的宾主双方皆不止一人。

④ 正式的大型宴会，主持人一方人员与来宾均不止一人。

⑤ 演讲、报告、比赛，参加者不止一人。

⑥ 会见、会谈，各方参加者不止一人。

⑦ 婚礼、生日晚会，当事人与来宾双方均不止一人。

⑧ 举行会议，应邀前来的与会者往往不止一人。

⑨ 接待参观、访问者，来宾不止一人。

（二）集体介绍的顺序

进行集体介绍的顺序可参照他人介绍的顺序，也可酌情处理。但注意越是正式、大型的交际活动，越要注意介绍的顺序。

① “少数服从多数”，当被介绍者双方地位、身份大致相似时，应先介绍人数较少的一方。

② 强调地位、身份。若被介绍者双方地位、身份存在差异，虽人数较少或只有一人，也应将其放在尊贵的位置，最后加以介绍。

③ 单向介绍。在演讲、报告、比赛、会议、会见时，往往只需要将主角介绍给广大参加者。

④ 人数多一方的介绍。若一方人数较多，可采取笼统的方式进行介绍。如：“这是我的家人”“这是我的同学”。

⑤ 人数较多各方的介绍。若被介绍的不止两方，需要对被介绍的各方进行位次排列。排列的方法：A. 以其负责人身份为准；B. 以其单位规模为准；C. 以单位名称的英文字母顺序为准；D. 以抵达时间的先后顺序为准；E. 以座次顺序为准；F. 以距介绍者的远近为准。

（三）集体介绍的注意事项

集体介绍的注意事项与他人介绍的注意事项基本相似。除此之外，还应再注意以下两点：

① 不要使用易生歧义的简称，在首次介绍时要准确地使用全称。

② 介绍时要庄重、亲切，切勿开玩笑。

任务 4　名片礼仪

【知识基础】

现代名片是一种经过设计、能表示自己身份、便于交往和开展工作的卡片，名片不仅可以用作自我介绍，而且还可用作祝贺、答谢、拜访、慰问、赠礼附言、备忘、访客留话等。

在人际交往中，名片不但能推销自己，也能很快地帮助你与对方熟悉，它就像持有着的颜面，不但要很好地珍惜，而且要懂得怎样去使用它。

一、名片的内容与分类

名片的基本内容一般有姓名、工作单位、职务、职称、通讯地址等，也有把爱好、特长等情况写在上面。选择哪些内容，由需要而定，但无论繁、简，都要求信息新颖，形象定位独树一帜。一般情况下，名片可分两类。

① 交际类名片。除基本内容之外，还可以印上组织的徽标，或可在中文下面用英文写，或在背面用英文写，便于与外国人交往。

② 公关类名片。公关类名片可在正面介绍自己，背面介绍组织，或宣传经营范围，公关类的名片有广告效应，使组织收到更大的社会效益和经济效益。

二、名片的设计

名片的语言一般要求简明清晰、实事求是，传递个人的基本情况，从而达到彼此交际的目的。在现实生活中，我们可以看到有些名片语言幽默、新颖，别具一格。如：①“您忠实的朋友——×××”，然后是联系地址、邮编、电话，名片没有任何官衔，语言简洁，亲切诚实。②另有一人则写着：“家中称老大，社会算老九，身高一七八，自幼好旅游，敬业精神在，虽贫亦富有，好结四方友，以诚来相求”。③著名剧作家沙叶新的名片有一幅自己的漫画像，自我介绍的文字风趣幽默，使人对其了解更加深刻：“我，沙叶新，上海人民剧作家——暂时的；上海人民艺术剧院剧作家——永久的；××委员、××理事、××顾问、××教授——都是挂名的。”在设计上，除了文字外，还可借助有特色或象征性的图画符号等非语言信息辅助传情，增强名片的表现力，但不能有烦琐的装饰，以免喧宾夺主。

三、名片的放置

一般说来，把自己的名片放于容易拿出的地方，不要将它与杂物混在一起，以免要用时手忙脚乱，甚至拿不出来。若穿西装，宜将名片置于左上方外侧口袋；若有手提包，可放于包内伸手可得的部位。不要把名片放在皮夹内，工作证内，甚至裤袋内，这是一种很失礼的行为。另外，不要把别人的名片与自己的名片放在一起，否则，一旦慌乱中误将他人的名片当做自己的名片送给对方，这是非常糟糕的。

四、递送名片的礼节

（一）出示名片的顺序

名片的递送先后虽说没有太严格的礼仪讲究，但是，也是有一定的顺序的。

① 地位低的人先向地位高的人递名片。

② 男性先向女性递名片。

③ 当对方不止一人时，应先将名片递给职务较高或年龄较大者；或者由近至

远处递，依次进行，切勿跳跃式地进行，以免对方误认为有厚此薄彼之感。

（二）出示名片的礼节

向对方递送名片时，应面带微笑，稍欠身，注视对方，将名片正对着对方，用双手的拇指和食指分别持握名片上端的两角送给对方，如果是坐着的，应当起立或欠身递送，递送时可以说一些客气话，例如："我是××，这是我的名片，请笑纳""我的名片，请你收下""这是我的名片，请多关照"等。

在递名片时，切忌目光游移或漫不经心。出示名片还应把握好时机。当初次相识，自我介绍或别人为你介绍时可出示名片；当双方谈得较融洽，表示愿意建立联系时就应出示名片；当双方告辞时，可顺手取出自己的名片递给对方，以示愿结识对方并希望能再次相见，这样可加深对方对你的印象。

五、接受名片的礼节

接受他人递过来的名片时，应尽快起身或欠身，面带微笑，用双手的拇指和食指接住名片的下方两角，态度也要毕恭毕敬，使对方感到你对名片很感兴趣。接到名片时要认真地看一下，并抬头看对方的脸，可以说："谢谢""能得到您的名片，真是十分荣幸"等。如有不懂的字，应当场请教。

然后郑重地放入自己的口袋、名片夹或其他稳妥的地方。切忌接过对方的名片一眼不看就随手放在一边，也不要在手中随意玩弄，不要随便拎在手上，不要拿在手中搓来搓去，否则会伤害对方的自尊，影响彼此的交往。

六、名片交换的注意事项

① 与西方、中东、印度等外国人交换名片只用右手就可以了，与日本人交换用双手。

② 当对方递给你名片之后，如果自己没有名片或没带名片，应当首先对对方表示歉意，再如实说明理由。如："很抱歉，我没有名片""对不起，今天我带的名片用完了，过几天我会亲自寄一张给您的"。

③ 向他人索要名片最好不要直来直去，可委婉索要。方法之一是"积极进取"。可主动提议："某先生，我们交换一下名片吧"，而不是单要别人的。方法之二是"投石问路"。即先将自己的名片递给对方，以求得其予以"呼应"。方法之三是虚心请教。比如说："今后怎样向您求教"，以暗示对方拿出自己的名片来交换。方法之四是呼吁"合作"。例如，"以后如何与您联系？"这也是要对方留下名片。

④ 如对方向你索要名片，你倘若实在不想满足对方的要求，也不应直言相告，为让对方不失面子，你可以表达得委婉一点。通常可以这样说：“对不起，我忘了带名片”，或是“不好意思，我的名片刚刚用完了”。

【实训拓展】

名片的来源

许多人认为现在人们用的名片是舶来品，来自海外文化。其实，名片地地道道出自中国。

在我国秦汉时期，官场上的人们在拜访接见时，就开始用名帖来通报姓名。只不过那时没有纸张，名帖是用竹片做成的，上面刻有自己的姓名、籍贯和身份。这种竹片做成的名片在西汉时被称为“谒”，在东汉时被称之为“刺”。《史记·郦生陆贾列传》中就有这样的记载：“沛公刘邦引兵过陈留，郦食其踵军门上谒，求见沛公。沛公不见，使使者出谢……郦生瞋目按剑叱使者……使者惧而失谒，跪拾谒还走……” 还如《后汉书·文苑列传》的记载：“建安初（弥横）游许下，始达颍川、乃阴怀一刺、既而无所之适，至于刺字漫灭。”这两例中的“谒”和“刺”就是在履行名片的功能。

汉代以后，由于纸的出现，人们开始用纸来做名帖。名帖相继被称为“名纸”“名刺”，而且书写格式也有了规范。东汉的《释名·释书契》介绍其格式说：“长书中央一行而下也”，大概同于现在名片的格式。

名帖的作用在当时除了拜访求见时用于通报姓名外，还有递送信息的作用。例如路过某城市时，因时间问题或其他原因不能亲自登门拜访僚友或亲朋时，就使仆从将自己的名帖投递与要拜访的人，就算是礼到了。

宋周密《癸辛杂识》上说“节序交贺之礼，不能亲至者，每以束刺佥名于上，使一仆遍投之，俗以为常。”这就是说逢年过节时，自己不能亲自登门而打发家人到亲友家投递名刺以表贺意，在当时是很常见的事。从这段文字上，我们可以看出名刺不仅有名片的作用，还有贺年片的功能。

唐宋时，名帖随着政治上的需要而升级，变成了功能同于名帖而形式繁于名帖的“门状”。

根据南宋叶梦得在他的《石林燕语》上的介绍，门状的格式是在僚属见上司时，所递呈的公状的格式上改进的。这样的格式主要为了表示拜谒者的敬畏。

明清时官场上的名帖由门状演变为“手本”，手本主要用于下属拜见上司或者学生拜见恩师等用途。手本一般是用绵纸六页折叠而成，外加绫绸裱糊的硬壳封页。手本封页的颜色根据不同场合而定。

民国时，推翻了封建体制，讲究大同世界的博爱平等，名帖由官场上走到了大众中间。手本的格式也趋于简化，变成了现在的名片。

通过小小名片的演变历史，我们看到了中国几千年文化的深厚与久远。

【实训内容】

项目 1：称呼与握手

实训目标：掌握常用的称呼用语与正确的握手方式。

实训学时：2 学时。

实训地点：实训室。

实训准备：角色卡、道具、数码照相机、摄像机等。

实训方法：将学生按每组 4～6 人分组。每组设计交际场景并进行演示，在交际过程中要使用称呼，并注意使用握手时的正确身体姿态和面部表情。用摄像机、数码照相机记录学生的交际过程，回放这一过程，学生进行小组自评、互评；教师最后总结点评学生存在的个性与共性问题，并根据演练情况总结实训效果。

项目 2：见面场景

实训目标：熟练规范运用见面的各种礼节进行交际。

实训学时：2 学时。

实训地点：实训室。

实训准备：角色卡、道具、见面场景、名片若干张。

实训方法：3～5 人一个小组。每组设计一个见面场景，将称呼、介绍、握手等见面礼、问候、递名片等交际礼仪连贯地演示下来，学生进行小组自评、互评；教师最后总结点评学生存在的个性与共性问题，并根据演练情况总结实训效果。表演之前，每组应就设计的场景和成员的角色进行说明。

【案例讨论】

案例一

2015 年 8 月，刚毕业的李某成功地进入光大正红电脑有限公司，成为一名实习员工。说起成功通过面试，她至今还兴奋不已，多亏恰当的称呼使她转危为安。应聘时，由于她太过紧张，在考官面前有些发挥失常，就在她从考官眼中看出拒绝的意思而心灰意冷时，一位中年女士走进了办公室和考官耳语了几句。在他离开时，她听到面试考官小声说了句“经理慢走”。当那位女士从李某身边经过时，李某鼓足了勇气，忙起身，毕恭毕敬地对女士说：“经理您好，您慢走!”她看到那位女士对着她微笑着点了点头。等她再坐下时，她看到面试官眼中的笑意。后来她顺利地得到了这份工作。人事主管后来告诉她，本来根据她那天的表现，是不准备录用她的。但就是因为她对经理那句礼貌的称呼让人事部门觉得她对行政客服工作还是能够胜任的，所以录用了她。

请根据李某的面试经历谈谈体会。

案例二

王某和陈某两位秘书在门口迎接来宾，一辆小轿车驶到。一男士下车，陈某走上前道：“王总您好”！右手拎着包，左手从包里掏出名片，呈给刚下车的男士，同时说道：“王总，我叫陈某，是天富集团的秘书，专程前来迎接您。”王总道谢。王某走上前：“王总好！您认识我吧？”王总礼貌地点点头。王某紧接着又问：“那我是谁？”王总答不上来，场面十分尴尬。

请分析以上有哪些不符合礼仪的地方。

案例三

一天，A 公司的彭经理带着两名员工去 B 公司洽谈业务。在会客厅等了十分钟后，A 公司市场部的郭经理和两名员工来到了会客厅。刚看到郭经理，还没等张秘书介绍，彭经理就大声打起了招呼“嗨，你是郭大胖吗？”张秘书介绍道，“彭经理，这是我们公司的郭经理……”彭经理接着说“什么经理不经理，我们是高中同学，那时他特别胖，我们都叫他郭大胖，他还老借我的作业抄……”郭经理面露不悦，笑得很勉强，又不好当场发作。在场的其他员工也觉得很尴尬。

请分析彭经理的不当之处。

案例四

A 公司与某地产公司合作共建一办公楼，双方均有合作的意向。A 公司王副总经理（男）就大楼的地点和规模等问题和对方宋副总经理（女）进行商谈，为此双方第一次见面。见面时，王总紧紧握住宋总的手久久不放，并不停地说一些宋总的服装漂亮之类的话。这时，宋总面色尴尬。

请分析王副总经理的不当之处。

案例五

一次，A公司李经理（女）到B公司商谈业务。B公司张秘书带领李经理去见销售部王经理（男）。见面后，张秘书这样介绍李经理："王经理，这是A公司的李小姐。李经理，这是我们公司销售部王经理。"说话间，还用下巴往前点点示意，当时，李经理听了，心生不悦。

请分析张秘书的不当之处。

案例六

A公司人事部的丁经理在一次行业会议上，经人介绍给了B公司的王经理。出于礼貌，丁经理掏出自己的名片，礼貌地用双手递送给王经理。王经理用左手接过后，看都没有看就直接塞到西裤的后兜里。会议结束后，丁经理在洗手间的垃圾桶顶层发现了自己被折皱了的名片。后来，B公司几次登门拜访，想联系业务，丁经理都一概不见。

请分析丁经理这么做的原因。

实训项目五　办公室篇

任务1　开关门礼仪

【知识基础】

开关门，小小举动却能反映出个人礼仪修养大问题。在职场上，开关门礼仪更是与工作息息相关，不可粗心大意。

具体来说，开关门分敲门、开门、关门三个阶段，每个接待都有特殊的讲究。

一、敲门

① 敲门是礼仪中看似微乎其微的事，但一时的疏忽大意或莽撞无礼可能造成无法挽回的损失。入室前先敲门，体现的是对室内主人的尊敬，告诉室内主人，有人来了。敲门一般是用右手，手指自然弯曲，掌心朝向自己，用中指（食指）第二指节敲击门，一般三声即可，连续、有节奏地敲击，声音清晰，力量适中即可。有门铃时轻轻按一下，等待回应，如无应声，稍等3～5秒，给主人准备的时间，再稍加力度，再敲三下。

② 敲门声正是“未见其人，先闻其声”。就像第一印象一样，十分重要。适宜的敲门声会让主人留下好印象，态度也自然好；相反，不适宜的敲门声会令主人心生不悦，态度也好不到哪儿去。敲门的响度要适中，敲得太轻了别人听不见，太响了不礼貌而且会引起主人反感。敲门时，绝对不能用拳捶、用脚踢，更不要“嘭嘭”乱敲一气，如果房间里面有人正在休息，会惊吓到他们。

③ “入虚室，如有人”。如果遇到门是虚掩着的，也应当先敲门。这个敲门有两层意思：一是表示一种询问“我可以进来吗？”；二是表示一种通知“我要进来了”。门关不关不要紧，要紧的是须经主人同意。

④ 敲门过后，室内主人可能会说“请进”，还可能问清身份，再说“请进”。针对第二种情况，则要讲究回答技巧，《弟子规》给出答案“人问谁，对以名，吾与我，不分明”。此时应该清晰地报上自己的名字，如果说“是我”，则会让人无

法分辨是谁。获得室内主人批准方才进入。“非请勿入”是敲门的基本原则。

⑤ 即使是进自己的办公室，如果门是关着的，也应该先敲一下，或许有同事正趁着没人在里面处理个人的事，也有可能正撞见同事在论人事非，虽然论人事非是他们的不对，但被你撞见还是会令他们感到很尴尬。避免看到别人不愿意让人看到的事情，这是对他人的尊重。

⑥ 进入房间后，如对方在讲话，要稍等静候，不要中途插话，如有急事要打断说话，也要等机会，而且要说“对不起，打断您的谈话了。”

二、开门

① 办公和公共场合的开关房门都应该注意动作规范，都应用手轻推、轻拉、轻关，不能以肘推、脚踢、臀拱、膝顶等不雅姿势进入房间。进出房门时，开关门的声音一定要轻，乒乒乓乓地关开门是十分失礼的。房门的开关需要配合相应的手势，门把手在右边的时候，用左手开门。门把手在左边的时候，用右手开。

② 如果是与多人同时进入房间还要讲究顺序。如果与同级、同辈共同进入房间，要相互谦让，走在前边的人打开门后要为后面的人拉着门。假如是不用拉的门，最后进来者应主动关门。即使后面没有人，也请作状推门一秒（即身体虽已进了门框，但一只手仍向后推着门一秒钟）。

③ 在接待引领时，一定要“口”“手”并用且到位。即运用手势要规范，同时要说诸如“您请”“请走这边”“请各位小心”等提示语。

④ 如果是与尊长、客人一起要进入某房间，关于尊长、客人还是自己先进或后进的问题，则要视门的具体情况而定，常见的有以下三种情况：

- 房门向外开：敲门或许后，轻缓地打开门，侧身用手或身挡门（这样可以为对方扶住门，以免发生意外，也会显得彬彬有礼），留出入口，热情地对尊长、客人说“请进”并施礼，请尊长、客人先进，自己后进。进入房间后，用右手把门轻轻关上。请尊长、客人入座，可说“请稍后”，然后安静退出。
- 房门向里开：敲门或许后，自己先进入房间，侧身用手或身挡门，对尊长、客人说“请进”并施礼。轻轻关上门后，请尊长、客人入座后，安静退出。
- 旋转式房门：自己先迅速过去，到另一边（通常是右侧）等候尊长、客人。施礼的手势要规范，并且口、手并用，施礼的同时注意礼貌用语。
- 可以双面开的门：无论是男士还是女士，应该让客人或同行中职务较高者先通过。

当同事有五个人以上来拜访时，做主人的应先通过，以便给客人带路。

如果已知这扇门很难开启，则应走在客人之前，并向客人解释道：“这扇门很重，由我来开吧！”

如果走在你前面的是拄拐杖、残疾、病人或老人，正准备通过一扇门，无论这个人你是否认识，都应该向前一步，主动帮助开门让其顺利通过。如果男士和女士一起通过，则男士应主动开门并让女士先通过。在公共场所，无特殊情况，谁先到谁就先通过。

三、关门

① 在被允许进入房间后，轻轻推门（或拉门）进入，并要转身将门关上，不要反手将门带上。进入房间要注意脚下，要是被地毯什么东西绊倒是很狼狈的。

② 离开房间也要关门，关门时应该面向门里将门轻轻关上，切记不能背对着屋里的主人关门，这是不礼貌的。

开关门时，若手里拿着东西或者其他不方便的时候可以先把东西放下，再开门或关门，也可以请别人为你帮忙，但千万不要用膝盖，甚至脚来开关门。

任务 2　递物接物礼仪

【知识基础】

递物与接物是日常生活中一个小小的举止动作，却能给人留下难忘的印象。“双手递接，互视微笑”是递物与接物的总体要求。这样可以表示对对方的尊重。根据所递接物品的不同，有不同的规范和要求。

一、递物

① 双手递物。如果是站着递物，那么递物时应上身稍稍前倾；如果是坐着递物，那必须要欠身或站起来递给对方。切不可挺胸抬头或坐着不动地将东西递给对方。必须同时说一声符合情境的礼貌用语，如“您拿好”“请喝茶”“谢谢”“麻烦您了”等。

② 递交文件资料。工作中有文件资料需要上级领导过目签字时，应该用双手递上文件或资料，并且使文件的正面对着接物的一方。对方应点头或致谢。

③ 递送尖利物品。所递的物品有利刃的话，如水果刀、斧头等物件，必须将有利刃的一面向下，自己手握刀背，刀把朝向对方；或者双手托住刀身，刀刃朝

向自己。递送同时还应提醒对方“您注意点儿”。

④“献杖者执末”。有明显把手的物品，如拐杖、茶杯等，必须要将有把手的一面递给对方。如果所递的物品有明显的上下区别，如钢笔、筷子等物品，必须将上头的一面面向对方递过去。

⑤ 如果所递的东西较小，无法双手相递时，必须要用右手持物。左手轻扶臂将东西递给对方。

⑥ 递送茶杯时，应左手托底，将茶杯把指向客人的右手边，双手递上。递送饮料、酒水时，应将商标朝向客人，左手托底，右手握在距瓶口 1/3 处。

二、接物

① 接受对方（即使是晚辈、下级）恭恭敬敬递过来的物品，都应该同样用双手去接，并以适当的方式致意或道谢。

② 当对方是站立或虽坐着，但欠身将物品递过来时，必须要站立起来或欠身接过物品。即使递物的是晚辈、下级，也应欠欠身，表示对对方的谢意。

③ 如果对方递过来带有利刃的物品，当接过来后必须要迅速地将利刃转过来，不要继续对着对方。

④ 如果对方递过来的物品对自己而言确实没有价值的话，在对方没有离开前，也应该将该物品放在一个合适的位置，切不可随意扔到一边，同时也应该说一声符合当时情节的礼貌用语。如递过来的是文字材料，要整齐地放在桌上；如递过来的是名片，应礼貌地看看，然后放好，切不可随意扔到桌上或抽屉里。

任务 3 电话与手机礼仪

【知识基础】

电话是现代人之间进行交流和沟通的桥梁。在人际交往中，电话不仅仅是一种传递信息、获取信息、保持联络的通讯工具，也能真实地体现出个人的素质，待人接物的态度，因而成了自身形象和自己所在单位形象的载体。接打电话不可太随便，要讲究必要的电话礼仪和一定的技巧，以免横生误会。

一、拨打电话的礼仪

（一）选择恰当时机

打电话应该以客为尊，考虑此刻对方是否方便听电话，最佳的通话时间主要有两个：一是双方预先约定的时间，二是对方方便的时间。通话应当尽量选择上述的最佳通话时间而避开不适当的时段。一般来说，有几点应该注意：

① 避开对方休息时间。特别是打公务电话不要占用他人的私人时间。早晨 8 点以前，晚上 10 点以后，给对方打电话是不合适的。除非有紧急的事，也要事先致歉。

② 避开对方忙碌的时间。比如，在对方准备出门上班前几分钟打电话，可能会使对方迟到；或者周一一大早打电话，因为，经过一个周末，对方要处理的公务也许会很多；或者对方公司最近发生了重大事情，这时候就不要打电话骚扰对方，否则对方心情会变得烦躁。

③ 避开对方生理厌倦时间。包括对方用餐和午休的时间，还有下班的前几分钟，因为快要下班了，大家工作一天已经很疲惫了，希望尽快处理完事务后直接回家。如果因为你的电话而耽误了对方的下班时间，也许会使对方不快。

④ 避开对方心理厌倦时间。放假的前一天下午，因为大家都提前做好了假期规划，兴冲冲地准备结束工作，欢度假期，因为你拨打的电话可能打乱了计划。收假的第一天上午，此时大家大多都有“假日综合征”，心思还没完全从假期调整到工作状态，此时的电话也会令其不快，即使拨打了电话，工作效率也不高。

⑤ 海外电话要注意时差。

将以上事项考虑在内的早上 10:00—11:30、下午 2:00—4:00 是所有公司的“黄金”时段，打电话应该尽量选择在这些最有绩效的时段。

（二）提前做好准备

① 信息的准备。包括接听电话的人的姓名、职位；条理化的电话内容，最好在纸上列出要点，避免浪费时间或者遗落内容。

② 物品的准备。准备纸、笔，方便随时记录。

③ 心态的准备。将心情和状态调整到最佳工作状态，始终要以“对方在看着我”的心态，面带笑容接打电话，做到专心致志、心无旁骛，切不可心不在焉。不要以为笑容只能表现在脸上，它也会藏在声音里。亲切、温情的声音会使对方马上对我们产生良好的印象。如果绷着脸，声音会变得冷冰冰。将个人情绪带入

工作中是缺乏职业素养的表现。

（三）端正的姿态与清晰明朗的声音

不管与谁进行电话交流，整个通话过程都应遵循“态度恭敬、举止文明、语气谦和、内容简洁”的原则。虽然电话交流不同于面对面的交谈，但通话过程中，你的情绪、表情、举止包括知识、能力和修养，完全可以从你的谈话方式、态度、语言、语调、声音中反映出来，然后给对方留下深刻印象。这种印象，很可能会影响以后彼此工作上的接触和交往。

打电话过程中，绝对不能吸烟、喝茶、吃零食，即使是懒散的姿势，对方也能够听得出来。如果你打电话的时候，弯着腰躺在椅子上，对方听你的声音就是懒散的、无精打采的；若坐姿端正，身体挺直，所发出的声音也会亲切悦耳，充满活力。打电话时的语调应平稳柔和、安详。这时如能面带微笑地与对方交谈，可使你的声音听起来更为友好热情。

打电话发音要清晰准确，措辞要文雅有礼，以恳切之话语表达。嘴与话筒间，应保持适当距离，适度控制音量，以免对方听不清楚，产生误会；或因声音粗大，让人误解为盛气凌人。总之，拨打电话时，即使看不见对方，也要当做对方就在眼前。尽可能注意自己的姿势和语调。

图 5-3-1

（四）规范通话内容

问候之后，区分内线和外线“自报家门”，这是对对方的尊重，即使是你熟悉的人，也应该主动报出自己的姓名，因为接电话方往往不容易通过声音准确无误地确定打电话人的身份。另外，自报家门还包含着另外一层礼仪内涵，那就是，直接将你的身份告诉对方，那么，对方就有是否与你通话的选择权，或者说，有拒绝受话的自由。具体的做法是：

打外线——不认识对方时，应该做详细的自我介绍，如：“你好，我是某某，某公司销售部经理的秘书。”若你认识对方，而且，你也有个好记性，对方一接听电话时就马上能确定听话人是谁，那么不妨直接说出这个人的名字或正确的称呼，这样，会使对方感到被重视的荣幸，可以这么说：“王经理，您好，我是某某，某公司销售部经理的秘书。”

打内线——可以有几种方式，如：“我是某某，王经理的秘书”；“我是销售部的某某”；“王先生，你好，我是某某。” 这样可以避免对方因为询问你的身份而浪费时间，这是专业和高效的体现。

如果你找的人不在，而对方也没有提出解决的建议，可以问一下对方什么时间可以再打电话或请其回电话。

二、接听电话的礼仪

（一）提前做好准备

① 文具：准备好笔和纸，否则当对方需要留言时，就不得不要求对方稍等一下，让宾客等待，这是很不礼貌的。

② 状态：停止一切不必要的动作，不要让对方感觉到你在处理一些与电话无关的事情。

③ 姿势：保证左手持话筒，并且牢牢握在手中，避免滑落，右手空出来方便记录。

④ 微笑：带着微笑接电话，通过电话对方能感觉到你的热情。

（二）“铃响不过三”“自报家门”

最好在电话铃声响起三声之内接听，在礼貌问候对方之后，应主动报出公司或部门名称以及自己的姓名。这是许多公司对接听电话的硬性要求。若长时间无人接电话，或让对方久等是很不礼貌的。对方在等待时心里会十分急躁，你的单位会给他留下不好的印象。尽快接听电话会给对方留下好印象，让对方觉得自己被看重。但也不要在电话铃声响起后立即接听，会让对方觉得唐突，可能打断了思路，所以要让双方都做好心理准备。

若电话响了许久，接起电话只是“喂”了一声，对方会十分不满，会给对方留下恶劣的印象。此时，拿起电话就应先向对方致歉：“对不起，让您久等了。”当来电话的人说明找谁之后，不外乎三种情况：一是刚好是本人接电话；二是本人在，但不是他接电话；三是他不在办公室里。对于第一种情形说：“我就是，请问您是哪位？”第二种情形的接电话人说：“他在旁边，请稍候”；第三种情形，接电话人可以说：“对不起，他刚好出去，您需要留话吗？”切忌拿起电话劈头就问：“喂！找谁？”这在对方听来陌生而疏远，缺少人情味。

同样，来电话人需要留话也应以简洁的语言清晰地报出姓名、单位、回电号码和留言。结束电话交谈时，通常由打电话的一方提出，然后彼此客气地道别。无论什么原因电话中断，主动打电话的一方应负责重拨。

（三）重要的第一声

当我们打电话给某单位，若一接通就能听到对方亲切优美的招呼声，心里一定会很愉快，使双方对话能顺利展开，对该单位就会有较好的印象。

接电话时注意语气。例如“喂”的声调最好为上升调，这样显得你愉悦，温柔，礼貌；反之，低沉无力的语调会令人感觉冷漠，甚至不受欢迎，这就是语调的魅力。最好这个“喂”字省略，直接说“你好”。接下来的通话要尽量做到声音清晰、悦耳、吐字清脆，这样能显示出说话人的职业风度和可亲的性格，进而使对方对其所在单位留下好印象。总之，接电话时，应有我代表单位形象的意识。

（四）记录遵循“5W 1H”原则

随时牢记“5W 1H”原则。所谓“5W 1H”。1 是“When”何时、2 是“Who”何人、3 是“Where”何地、4 是“What”何事、5 是“Why”为什么、6 是“How”如何进行。这 6 要素能基本传递通话的全部信息，应该做到记录完备，同时也应注意简洁。在工作中，这些资料都十分重要，决定此通电话是否有效。

（五）“3 分钟原则”

工作讲究效率，接打电话同样理应如此。在打电话时，以谈话内容多少来定，事多则长，事少则短。一般来说，说话人应当自觉地、有意识地将每次通话的长度限定在 3 分钟以内，尽量不要超过这一限定。打电话切忌喋喋不休，不分重点，唠唠叨叨，说个没完。

超过 3 分钟的信息传达应改换其他的交流方式。如果估计这次谈话要涉及问题较多，时间较长，那么，应在通话前询问对方此时是否方便长谈。如果对方不方便长谈，就应该有礼貌地请对方约定下次的通话时间。明明需要占用一刻钟的时间，却偏偏说："可以占用你几分钟时间吗？"这就很不合适了，应该说："王先生，此次我想和您谈谈分配方案的事宜，时间大约需要一刻钟，您现在方便吗？"有时候，来电话的人啰啰唆唆，你不愿再花费时间和他无聊地谈下去，可以礼貌地说："我不想占你太多的时间以后再谈行吗？

（六）区分情况，分别对待

① 对方要找的人是自己，则应认真清楚地回答或视情况作记录。

② 如果对方找的人在身旁，应说："请稍等。"然后用手掩住话筒，轻声招呼同事接电话，不要在整个办公室高声直呼别人接听电话。

③ 要找的人不在或不能接听电话时，应该告诉对方，并且问："需要留言吗？我一定转告。"做好留言工作，即给谁的留言，谁想要留言，包括具体时间、记录者。特别要注意的是，在询问对方姓名前告知他要找的人不在。

④ 代为转接的电话时，先询问对方意愿，并让对方知道电话是转给谁的。须搁置电话或让宾客等待时；应给予说明并致歉。

⑤ 接到打错的电话，不要粗鲁地挂断，而是应礼貌应对，每一个电话都要保持良好的接听态度。

（七）礼貌结束

结束电话交谈时，一般应当由打电话的一方提出，然后彼此客气地道别。电话接听完毕之前，不要忘记复诵一遍来电的要点，防止记录错误或者偏差而带来的误会，使整个工作的效率更高。例如，应该对会面时间、地点、联系电话、区域号码等各方面的信息进行核查校对，尽可能避免错误。最后的道谢也是基本的礼仪。不可只管自己讲完就挂断电话，确定对方已挂电话后才能放下听筒。来者是客，以客为尊，千万不要因为电话客户不直接面对而认为可以不用搭理他们。

三、手机礼仪

在信息时代，人们的生活和办公都离不开手机。但是许多人对于手机礼仪却不太通晓或者熟视无睹。无论是在社交场所还是工作场合肆意地使用手机，已经成为礼仪的最大威胁之一。在国外，如澳大利亚电讯的各营业厅就采取了向顾客提供“手机礼节”宣传册的方式，宣传手机礼仪。使用手机时，应该注意以下事项：

（一）恰当的放置

在一切公共场合，手机在没有使用时，都要放在合乎礼仪的常规位置。不要在没使用的时候放在手里或是挂在上衣口袋外。放手机的常规位置有：一是随身携带的公文包里，这种位置最正规；二是上衣的内袋里；有时候，既可以将手机暂放在腰带上，也可以放在不起眼的地方，如手边、背后、手袋里，但不要放在桌子上，特别是不要对着对面正在聊天的客户。女士则要注意，手机就算再好看和小巧，也别把它挂在脖子上。

（二）分场合使用

在公共场合如楼梯、电梯、路口、人行道等地方，不可以旁若无人地使用手机，应该把自己的声音尽可能地压低一下，而绝不能大声说话。

在图书馆或在剧院打手机是极其不合适的，如果非得回话，采用静音的方式发送手机短信或者到走道外面再打电话是比较适合的。

手机本身还会产生电磁辐射。因此，在使用手机的过程中，必须牢记安全准则。一般来说，在以下场合中是应当严格禁止手机使用的：医院或者是飞机，以免影响机场及医院的电子设备。加油站、面粉厂、油库等易燃场所禁止使用手机。开车时也不要使用手机。

（三）必要时关机

在会议中和别人洽谈的时候，最好的方式是把手机关掉，至少要调到震动状态，这样既显示出对别人的尊重，又不会打断发话者的思路。

在餐桌上，关掉手机或是把手机调到震动状态也是必要的。避免正吃到兴头上的时候，被一阵烦人的铃声打断。

（四）打手机前要考虑对方是否方便

给对方打手机时，尤其当知道对方是身居要职的忙人时，首先想到的是，这个时间他（她）方便接听吗？并且要有对方不方便接听的准备。在给对方打手机时，注意从听筒里听到的回音来鉴别对方所处的环境。不论在什么情况下，是否通话还是由对方来定为好，所以“现在通话方便吗？”通常是拨打手机时不可缺少的问话。

（五）正确使用手机各种功能

在一般情况下，要让手机处于开机状态。不要让那些急于想同你联系的人因联系不上而焦虑不已。手机的一大优点是信息快捷，可贴身跟随。开机时，手机要随身带，或放在容易拿到的地方，以便及时接听，不让对方焦急等待。在不便及时接听的情况下，一有机会，就要及时回话，说明原因并致歉。

使用短信功能时，应该一样重视通话文明，注意短信内容的选择和编辑。因为你发的短信反映了你的品位和水准。所以不要编辑或转发不健康的短信，垃圾信息和庸俗的玩笑更不应该转发。如果从没联系过或者是不经常联系的朋友，发短信时应该署名，以便对方及时确定你的身份。为安全起见，不用移动电话传送重要的信息，如重要的商业秘密，因为别人可使用非法的技术手段窃取信息，同时也可以根据移动电话确定打电话人的位置和内容。当着他人的面查看或者编辑短信，是对别人的不尊重，是人际关系的致命性杀伤武器。

在工作期间使用正常的彩铃，不要使用与自己身份、职务不配的搞笑彩铃。不要随时随地，肆无忌惮地拍照或自拍，这会影响他人工作，也给别人留下不务正业的糟糕印象，况且，许多人不愿意成为你照片中的背景。

（六）礼貌用语

以下归纳了一些常见的接打电话与手机的常用语，以供参考：

①您好！这里是×××公司×××部（室），请问您找谁？

②我就是，请问您是哪一位？……请讲。

③请问您有什么事？（有什么能帮您？）

④您放心，我会尽力办好这件事。

⑤不用谢，这是我们应该做的。

⑥×××不在，我可以替您转告吗？（请您稍后再来电话好吗？）

⑦对不起，这类业务请您向×××部（室）咨询，他们的号码是……［×××不是这个电话号码，他（她）的电话号码是……］

⑧您打错号码了，我是×××公司×××部（室），……没关系。

⑨您好！请问您是×××单位吗？

⑩我是×××公司×××部（室）×××，请问怎样称呼您？

⑪请帮我找×××。

⑫ 对不起，我打错电话了。

⑬ 对不起，这个问题……请留下您的联系电话，我们会尽快给您答复好吗？

⑭ 再见！

电话礼仪自测

测试内容	测试细节	是否完成
接听电话	电话机旁有无准备记录用的纸笔	
	有无在电话铃响 3 声之内接听电话	
	是否让客户等候 30 秒以上	
	是否用左手接听	
	接起电话有无说“您好”	
	是否在接听电话时做记录	
	客户来电时，有无表示谢意	
拨打电话	有无选择对方不忙的时间	
	有无准备好手头所需要的资料	
	有无事先告知对方结果、原委	
	对客户有无使用专业术语，简略语言	
	对外部电话是否使用敬语	
	是否打电话时，让对方猜测你是何人	
	是否正确听取了对方打电话的意图	
	是否重复了电话中的重要事项	
	说话是否清晰，有条理	
特殊情况	要转达或留言时，是否告知对方自己的姓名	
	接到投诉电话时，有无表示歉意	
	接到打错电话时，有无礼貌回绝	
结束通话	电话听筒是否轻轻放下	

【实训内容】

项目 1：办公室接待

实训目标：掌握正确的开关门、递物接物的方式。

实训学时：1 学时。

实训地点：实训室。

实训准备：角色卡、道具、数码照相机、摄像机等。

实训方法：将学生按每组 4～6 人分组。每组设计交际场景并进行演示，演示过程中注意正确身体姿态和面部表情。用摄像机、数码照相机记录下来，回放这一过程，学生进行小组自评、互评；教师最后总结点评学生存在的个性与共性问题，并根据演练情况总结实训效果。

项目 2：电话（手机）使用

实训目标：掌握正确使用电话（手机）的礼仪。

实训学时：1 学时。

实训地点：教室。

实训准备：角色卡、道具、固定电话或手机。

实训方法：两人一组，用固定电话或手机现场表演各类情形的通话，其他同学观摩，表演结束后，由同学点评，最后老师总结。以下情形仅供参考：

① 双方第一次进行业务联系；

② 下级向上级通过电话汇报工作；

③ 正在与客户交谈时电话震动提示有来电；

④ 在电影院看电影时必须接听一个十分重要的来电；

⑤ 对方要找行政处的刘经理，你告知刘经理不在；

⑥ 对方打错了电话；

⑦ 对方询问的问题，你需要查资料，需要对方等待；

⑧ 需要转接的电话；

⑨ 对方要找行政处的刘经理，刘经理需要你回绝这个电话。

也可发挥想象，设计其他情形。

项目 3：手机短信

实训目标：掌握手机短信的礼仪。

实训学时：1 学时。

实训地点：教室。

实训准备：手机。

实训方法：每两人一组，模拟各种情形进行手机短信的发送和回复，然后相互点评对方发送的短信有无不符合礼仪之处，最后老师进行总结。

【案例讨论】

案例一

李某是刚进A公司工作的行政助理。这天早上，B公司的刘经理按照预约来拜访A公司的严经理。李某通过电话请示严经理后，将刘经理带到办公室门前。敲门两次后，李某直接推开大门，自己径直走了进去。严经理只得自己关门。后来，李某按照严经理的吩咐将一份文件送到办公室。只见李某用右手将文件字面朝向自己，笔尖对准刘经理递了过去，还不小心使笔尖戳到了刘经理的手。刘经理嘴上说“没事没事”，可是两位经理都暗暗皱起了眉头。

请分析李某的不当之处。

案例二

某天上午10点，C集团业务部内宋某办公桌上的电话响了七八声，宋某才将注意力从手机上转移开，打了个哈欠，不慌不忙地拿起听筒，用懒洋洋的声音说“喂，找谁？……哦，等会。”然后，宋某手也不遮掩话筒，大声地招呼“喂，王姐，你的电话，是个男的，是你老公吗？”整个办公室的人都听到有个男的找王姐，大家都停下手头的工作，抬起头来盯着王姐。王姐非常不好意思地过去接电话。

请分析宋某的不当之处。

实训项目六　商务礼仪篇

任务 1　接待礼仪

【知识基础】

迎来送往，是社会交往与商务活动中最基本的形式和重要环节，是表达主人情谊、体现礼貌素养的重要方面。按照过程来划分，接待可以分为迎客、待客和送客三个环节。每个环节都不可大意。尤其是迎接，是给客人良好第一印象的最重要工作。为下一步开展工作打下了基础。

一、迎客礼仪

（一）日常迎接

（1）接待人员注意自身职业形象的维护，仪容、仪表、仪态三方面都应能展现所在组织的专业形象，体现对接待对象的重视和尊敬。

（2）区分情况，分别对待

如果来访者是预先约定好的客人，则应根据来访者的地位、身份等确定相应的接待规格和程序。在办公室接待一般的来访者，应注意以下事项：

① 用恰当的目光礼仪和微笑对待客人，谈话时应注意少说多听，最好不要隔着办公桌与来人说话，对来访者反映的问题，应作简短的记录。

② 客人要找的负责人不在时，要明确告诉对方负责人到何处去了，以及何时回本单位。请客人留下电话、地址，明确是由客人再次来单位，还是我方负责人到对方单位去。

③ 客人到来时，我方负责人由于种种原因不能马上接见，要向客人说明等待理由与等待时间，若客人愿意等待，应将客人引至会客厅。

如果来的是陌生客人，见面时可用提示性语言“请问您是……”表示询问，让客人自我介绍，然后表示欢迎。请客人落座后，不要急于询问客人来访的目的，应等客人主动开口。客人陈述时，接待人员要耐心倾听，对客人提出的问题要认真回答。对走错了门的客人应热情予以指点。

如果是不速之客，不能鲁莽地说：“这会儿不会客”，也不能双手交叉于胸前虚情假意地说：“欢迎，欢迎！”这样会被人认为没礼貌。一般来说，不速之客来访，大多有不得已的理由。他们或许是向你借点东西，或许是需要你的指教，或许是来不及或不方便预约。所以主人应体谅对方，耐心接待。

（3）根据实际情况，灵活运用握手、递接名片和介绍礼节等。

（二）重要迎接

（1）对前来访问、洽谈业务、参加会议的外国、外地客人，应首先了解对方到达的车次、航班，通常遵循身份相当的原则，即主要迎送人与主宾身份相当，当不可能完全对等时，可灵活变通，由职位相当的人或由副职出面，前去迎接的主人应向客人作出礼貌的解释。其他迎接人员不宜过多。

（2）主人到车站、机场去迎接客人，应提前到达，恭候客人的到来，绝不能迟到让客人久等。客人看到有人来迎接，内心必定感到非常高兴，若迎接来迟，必定会给客人心里留下不好的印象，事后无论怎样解释，都无法消除这种失职和不守信誉的印象。

（3）如果是第一次接待，可以使用接站牌，注意尽量不要用白纸黑字，常用红纸黑字，更加正规的，可以找专业公司定制板材设计高档的接站牌。接到客人后，应首先问候“一路辛苦了”“欢迎您来到我们这个美丽的城市”“欢迎您来到我们公司”等。然后向对方作自我介绍，如果有名片，可送予对方，注意送名片的礼仪。

（4）迎接十分重要的来宾，可以献花。所献之花要用鲜花，并保持花束整洁、鲜艳。忌用菊花、杜鹃花、石竹花、黄色花朵。献花的时间，通常由儿童或女青年在参加迎送的主要领导与主宾握手之后将花献上。可以只献给主宾，也可向所有来宾分别献花。

（5）迎接客人应提前为客人准备好交通工具，不要等到客人到了才匆匆忙忙准备交通工具，那样会因让客人久等而误事。不同的交通工具应注意位次礼仪：

如果是小轿车的话，可以分为以下情况：

① 如果有司机驾驶时，以后排右侧为首位，左侧次之，中间座位再次之，前坐右侧殿后，前排中间为末席。

② 如果由主人亲自驾驶，以驾驶座右侧为首位，后排右侧次之，左侧再次之，而后排中间座为末席，前排中间座则不宜再安排客人。

③ 如果主人夫妇驾车，则主人夫妇坐前座，客人夫妇坐后座，男士要服务于自己的夫人，宜开车门让夫人先上车，然后自己再上车。

④ 如果主人夫妇搭载友人夫妇的车，则应邀友人坐前座，友人之妇坐后座。

⑤ 如果主人亲自驾车，坐客只有一人，应坐在主人旁边。若同坐多人，中途坐前座的客人下车后，在后面坐的客人应改坐前座，此项礼节最易疏忽。

⑥ 女士登车不要一只脚先踏入车内，也不要爬进车里。需先站在座位边上，把身体降低，让臀部坐到位子上，再将双腿一起收进车里，双膝一定保持合并的姿势。

如果是吉普车的话，无论是主人驾驶还是司机驾驶，都应以前排右座为尊，后排右侧次之，后排左侧为末席。上车时，后排位低者先上车，前排尊者后上。下车时前排客人先下，后排客人再下车。

在接待团体客人时，多采用旅行车接送客人。旅行车以司机座后第一排即前排为尊，后排依次为小。其座位的尊卑，依每排右侧往左侧递减。

（6）主人应提前为客人准备好住宿，帮客人办理好一切手续并将客人领进房间，同时向客人介绍住处的服务、设施，将活动的计划、日程安排交给客人，并把准备好的地图或旅游图、名胜古迹等介绍材料送给客人。

（7）将客人送到住地后，不要马上安排活动，也不要立即离去，应陪客人稍作停留，热情交谈，谈话内容要让客人感到满意，比如客人参与活动的背景材料、当地风土人情、有特点的自然景观、特产、物价等。考虑到客人一路旅途劳累，主人不宜久留，让客人早些休息。分手时将下次联系的时间、地点、方式等告诉客人。

二、待客礼仪

（一）引导

接待人员带领客人到会客厅或办公室，应该有正确的引导方法和引导姿势。

单行行进时，接待人员应走在客人左前方两三步之遥，配合客人的步调，不要过快或过慢，不时转回上半身，配合横摆式或斜摆式的手势。走到拐角处时，接待人员一定要先停下来，转过头说“请往这边走。”

两人并排行进时，接待人员应主动走在外侧，请客人走在内侧。三人并行时，通常中间的位次最高，内侧的位次居次，外侧的位次最低，宾主的位置可依次酌定。

（1）在楼梯的引导方法

当引导客人上楼时，应该让客人走在前面，接待人员走在后面，间隔两三个台阶；如果客人为穿裙装的女士，则接待的男性应自觉走在前面；若是下楼时，应该由接待人员走在前面靠墙壁一侧，客人在后面靠楼梯栏杆一侧。引导途中，接待人员应该注意客人的安全。不要与客人高谈阔论，更不允许与客人玩笑打闹，以免出现走神摔跤的尴尬场景。

（2）在电梯的引导方法

伴随客人或长辈来到电梯厅门前时，接待人员先按电梯呼梯按钮。轿厢到达厅门打开时：若为无人值班的电梯，则接待人员先行进入，一手按“开门”按钮，另一手按住电梯一侧门，礼貌地说“请进”，请客人们或长辈们进入电梯；若为有人值班的电梯，则客人先进先出，接待人员后进后出。

进入电梯后，接待人员按下客人或长辈要去的楼层按钮。若电梯行进间有其他人员进入，可主动询问要去几楼，帮忙按下。电梯内可视状况是否寒暄，例如没有其他人员时可略作寒暄，有外人或其他同事在时，可斟酌是否必要寒暄。电梯内尽量侧身面对客人，可选择面对电梯门站立。

到达目的楼层时，接待人员一手按住“开门”按钮，另一手做出请出的动作，可说：“到了，您先请！”客人走出电梯后，自己立刻步出电梯，并热忱地引导行进的方向。

（二）让座

客人来到办公地点后，接待人员应尽快将其引领进室内，安排其就座。若是将客人拦在门口说个没完，则是在向客人暗示其不受欢迎，或者来得不是时候。客人如有外套、帽子、雨伞等物，可接过挂放于衣帽架或明显处，并向客人说明“某某先生（女士），您的雨伞就放在这里。”另外，在就座之时，为了表示对客人的敬意，接待人员应迎请客人先行入座，千万不能不让座，或者让错座。一般来说，室内离门口最远的座位就是上座。看到客人坐下后，才能行点头礼后离开。如客人错坐下座，应请客人改坐上座。如果客人执意不换，也不应强求。讲究礼仪的最高境界，不是严格遵守礼仪规则，而是灵活变通，尊重对方意愿。如果室内有其他人，应先向同屋其他人介绍客人，然后再让客人落座。

（三）奉茶

我国历来有“客来敬茶”的民俗，但凡来了客人，茶是必不可少的饮品。在招待客人时，茶具要特别讲究，倒茶有许多规矩，递茶也有许多讲究。

如有点心招待，应先将点心端出，再奉茶。将点心置于客人的左手边（点心放咖啡或红茶的左侧）。

以茶待客时，要注意客人对茶的偏好。可在上茶之前询问客人是喝茶还是喝饮料，如果喝茶，习惯用哪一种茶，并提供多种可能的选择。不要自以为是，强人所难。如果只有一种茶叶，应事先说清楚。

事前做好准备工作。检查并保证茶具不能有破损和污垢，将其洗干净、擦亮。有条件的话，最好在客人视线之内把茶具洗净，即使干净也要再用开水烫洗一下。

倒茶尽量不要当着客人的面，用专业的茶具取适量茶叶，不要直接用装茶工具倒或者用手抓；茶水温度不宜过高，以八十度为宜，以免烫伤客人或自己；根据的“酒满茶半”的惯例，茶不宜斟得过满，以八分满为宜；茶水不宜太浓，如果客人有特别要求的例外；如果需要倒几杯茶，则注意每一杯茶的浓度要一样，检查杯数与人数是否相同。

如果来的客人较多，则要把握好奉茶次序。可以遵循先客后主、先主宾后次宾、先女后男、先长辈后晚辈的原则；可以客厅入口为起点，按顺时针方向依次上茶；也可以按客人的先来后到的顺序；还可把所有的茶都泡后，让客人自己拿。

奉茶时，最好使用托盘，既雅致又卫生，托盘内放一块抹布更好，以便茶水溢出时及时擦拭。将托盘托至与胸同高的高度将茶端出。先将托盘轻放在桌上，双手端茶（左手托杯底，右手握杯身，杯耳朝向客人右侧）。尽量不要用一只手，尤其是左手奉茶，手指勿碰杯口，或是将其伸进茶水中。眼睛注视对方，面带微笑，将茶放在客人的右手边，后退一步说“这是您的茶，请慢用。”如果茶壶放在桌上，则应注意壶嘴不能对准客人。

奉茶结束后还有续茶的讲究。接待人员要注意杯中的茶水情况，在茶被喝掉半杯之后即可续杯，不可以让其杯中茶叶见底。但要注意客随主便，不宜再三为客人斟茶。以前中国人待客有“上茶不过三杯”一说。第一杯叫作敬客茶，第二杯叫作续水茶，第三杯则叫作送客茶。为客人续茶时，不要妨碍到对方。一只手拿起茶杯，使茶杯远离客人身体、座位、桌子；另一只手把水续入，最好不在客人面前续水。作为客人，应礼貌地双手捧接并道谢，无论茶是否符合自己的要求。如若不喝茶，则应事先表明，且不可向主人家提出过高的要求。喝茶时要认真品味，以示对主人的感谢及尊敬。

客人未走不能倒残茶，否则无异于下逐客令。正所谓民间讲的，“客来敬茶，客走倒茶。”

（四）其他

如果需要客人等待的时间较长，接待人员可以送上杂志以供客人翻阅，注意递物接物的礼节，双手将字面朝向对方礼貌送上。当然，接待人员也可以根据客人的反应，与之简单地聊几句，注意不要讨论本公司的长短及涉密事项，可选择一些轻松的无关紧要的话题。注意不要强迫与客人谈话。根据客人的情况选择恰当的语音、语速和语气。

三、送客礼仪

心理学上有“首因效应”和“末因效应”，即“最初的”和“最后的”信息都能给人们留下深刻印象。“最初的”印象尚可弥补，而“最后的”信息往往无法改变。对于接待工作而言，正所谓“出迎三步，身送七步”，“送往”的意义甚至大于“迎来”。

送客礼仪是接待工作的最后一个环节。送客时应按照接待时的规格对等送别。每次见面结束，都要以将再次见面的心情来恭送对方回去。送客如果处理不好，就将影响整个接待工作，使接待工作前功尽弃。成功的接待应该善始善终，忌虎头蛇尾，为接待画上圆满的句号。

（一）日常接待送别

除非有十万火急的事必须马上亲自处理，否则主人不宜主动结束或者暗示结束接待。如不时看表，这会令客人感受不受欢迎，或者受到嫌弃。在交谈过程中，主人也应关注客人反应，随机应变。如果发现客人的胳膊肘抬起来或是双手支在椅子扶手上，是一种要结束交谈的肢体语言。如果客人做出这种动作，就要询问客人是不是还有其他安排。

客人起身告辞的时候，作为主人应婉言挽留。不要客人刚说要走，主人马上站起相送，或者起身来挽留，这都有下逐客令的嫌疑。客人执意要走，也要等他们起身后自己再起身相送，主人也不必再三勉强。

送别时的握手表示“就此别过”“就此留步”的意思。所以这种场景下，拥有握手主动权的是客人。如果客人没有主动伸手，主人不宜先伸手，否则就成了催促客人赶紧离开的意思。

即使日常接待、普通客人，出于礼貌也应把客人送到门口，并站在门口目送一段时间，等客人身影消失时再返回。不要当客人走了两步回头再次致意，发现主人连后脑勺都不见了，这样很难让人相信主人的诚意。把客人送到门口，返回房间后关门一定要轻，那种在客人刚出门就听到身后“砰”的一声响，让人听起来难免心寒，感觉你好不容易才盼走他似的。

对于重要客人，应送得稍远一点。可以送到电梯口或本楼大门口。送到电梯口时，替客人按下电梯，等客人进电梯、电梯门自动关上后再离开。送到大门口时，等客人身影行将消失再转身离开。

对于非常重要的客人，应该送到交通工具旁。客人如自带车辆，送别时应主动给客人打开车门，开车门时右手置于车门顶端，等客人上车后，站在车右前方两米左右的位置。等车子起步后，主人招手致意，等车子开出一截路后再转身离开。如果客人不熟悉道路，可乘自己的车在前面带路，把客人送至返程的正路上，再告别。客人如果是打出租车来的，可以帮助其找好出租车，等出租车开出一截路后再返回。这段时间的等候过程中，主人可以挥手致意。

（二）重要接待送别

对于要客、贵宾、远客的送别，主人应根据时间计划作出适当的浮动，保证提前到场、最后离场，发生特殊情况时能够见机行事。可以请相关领导参与送客，送行人员不得迟到、早退，更不允许擅自改动，如果确实必要，也要与客人及时通报并获得同意后再执行，以示对客人的敬意和重视。

对于远道而来的客人，应考虑是否需要安排交通工具送到车站、码头或机场，事前安排好，并做适当的突发事件准备，以备不时之需。对于重要客人特别是远道而来的贵宾，应该考虑为其准备一份土特产或纪念品，在临别之际郑重奉上。

为了表达对其同事的友好情谊，可以告诉客人代为向其他人问好，比如："请向贵公司全体同仁问好""祝贵公司生意兴隆，财源茂盛""李经理这次没来真是挺遗憾的，回去一定要代我向李经理问好"等。

分手的时候再和客人说一些诸如"请慢走""再见""欢迎下次再来""合作愉快""祝一路平安，旅途愉快"等道别语。

送客人到车站、码头时，应等车船开动并即将在视线中消失时再走；送到机场的话，条件允许时，可以等客人通过安检再返回，以免客人有携带不便托运的东西，需要主人帮忙处理。在车站、码头或机场送别等候安检或检票的时候，不要表现出心神不宁的样子，如频频看表，以免使人误解成催他赶快离开。

有特殊原因要在安检或车、船开动提前返回时，一定要向对方说明，请求谅解。送走后可以在客人上车或登机后，发一条表达祝福或期待下次会面的短信。

【实训拓展】

茶的品种和茶具选择

作为世界三大无酒精饮料之一的茶，在许多国家和地区的人们生活中占据重要之地，喝茶风靡全球。在英国，茶被视为美容、养颜的饮料，英国人形成了喝早茶、午后茶的时尚习俗，并称茶为：“健康之液，灵魂之饮。”在法国人眼里，茶是“最温柔、最浪漫、最富有诗意的饮品。”在日本，茶不仅被视为“万病之药”，而且日本人在长期的饮茶实践中，使饮茶脱离了日常物质生活需要的范围，发展升华为一种优雅的文化艺能——茶道。

茶是中国人的日常饮品，茶文化已深入中国的传统文化之中。我国饮茶是从神农时代开始的，至少有四千七百年的历史。在我国，茶被誉为“国饮”，“文人七件宝，琴棋书画诗酒茶，”茶通六艺是我国传统文化艺术的载体。

一、茶叶的品种

我国是茶的故乡，有着悠久的种茶历史。茶叶的品种有很多，主要有七种：绿茶（龙井、碧螺春）、青茶（乌龙茶类，如铁观音、武夷岩茶）、黄茶（霍山黄芽、大叶青）、白茶（白毫银针、白牡丹）、红茶（祁门红茶、滇红）、黑茶（普洱茶、青砖茶、茯砖茶），再加工茶，如花茶（茉莉花茶、玫瑰花茶）、袋茶等。

二、茶具的选择

常用的茶具有储茶用具、泡茶用具、喝茶用具 3 类。

（1）储茶用具。储茶用具的基本要求是：防潮、避光、隔热、无味。如果要存放好茶叶，最好用特制的茶叶罐，如铝罐、锡罐、竹罐，尽量不用玻璃罐、塑料罐，更不要长时间以纸张包茶，存放茶叶。

（2）泡茶用具。喝茶讲究的人，对泡茶用具也十分挑剔。在比较正规的情况下，泡茶用具和喝茶用具往往要区分开。最常见的正规的泡茶用具是茶壶，多是紫砂陶或陶瓷制成。

（3）喝茶用具。喝茶用具主要是茶杯、茶碗。用茶杯喝茶最常见，也正规。使用茶碗喝茶，多出现在古色古香的茶馆里。

为帮助茶汤纯正味道的发挥，茶杯应该选用紫砂陶茶杯和陶瓷茶杯。如果是为了欣赏茶叶的形状和茶汤的清澈，也可以选用玻璃茶杯。

如果喝茶时同时使用茶壶，最好茶杯与茶壶配套，尽量不要东拼西凑。要时同时用多个茶杯，也应注意配套问题。不要用破损、残缺、有裂纹、有茶锈或污垢的茶具待客。

李嘉诚的礼数

一次，著名商人李嘉诚先生请客人参加晚宴。他提前半个多小时就来到了饭店。客人走出电梯时，看到李嘉诚正满面春风地站在电梯门口迎候着，一边向他们含笑致意，一边发名片。发完名片之后，李嘉诚微笑着拿出一些上面有阿拉伯数字的纸片，让客人们随便抽取一张。一开始，客人大惑不解，经过李嘉诚身边人的解释，他们才知道，他们抽取的号码是作为照合影相时每个人所站的位置用的。这样，合影的时候，迅速快捷，井然有序，没有出现乱哄哄的现象。照相后，李嘉诚又让大家抽号，这次抽取的是就餐时的席位。大家在抽取号码时，当然都希望和李嘉诚来个近距离接触。没有抽到“好号”的感到有些失望，李嘉诚显然注意到了这种情况，他笑着说：“没关系，不管什么号码都一样。”

就餐之前，李嘉诚发表了热情洋溢的致辞。因为被邀请的有几个外国朋友，他就先用汉语讲一遍，然后又用英语讲一遍。宴会开始了，李嘉诚依次到每个餐席上坐了 15 分钟。他站起来向每个客人敬酒，和每个客人都亲切交谈。宴席一共有四桌，李嘉诚正好用了一个小时。这时，客人终于明白了李嘉诚所说的“号码都一样”的含义。吃完饭后，李嘉诚一定要与大家握手道别，而且每个人都要握到，直至身边的酒店服务人员。他一直坚持送大家到电梯口，直到电梯门关上才离开。

李嘉诚由衷地去体谅别人，一视同仁，礼数周全，让每一个客人既没有受冷落，又没有受到特殊的待遇，都愉快地度过了这一段美好的时光。第二天，参加晚宴的大部分客人都打电话给李嘉诚，感谢他的盛情款待，称赞他细致周到的礼数。

关于李嘉诚的礼仪，还有另一个故事。一位内地企业家在接受电视采访时，谈到了他去李嘉诚办公室拜访李嘉诚的经历。那天，李嘉诚和儿子一起接见了他。会谈结束之后，李嘉诚起身从办公室陪他出来，送他到电梯口。更让人惊叹的是，李嘉诚不是送到即走，而是一直等到电梯上来，他进去了门，再举手告别，等到门合上。身为亚洲首富的李嘉诚肯定是日理万机，可他依旧注重礼节，亲自送人，没有丝毫的怠慢。这位内地企业家面对着电视机前的亿万观众动情地说：“李嘉诚这么大年纪了，对我们晚辈如此尊重，他不成功都难。”

周恩来的送行之礼

在待人接物、迎来送往方面，周恩来非常重视每一个细节。20 世纪 50 年代的一天，周总理前去机场欢送西哈努克亲王离京，前往送行的还有军队的一些高级干部。大家笑容可掬、毕恭毕敬地亲切握手、拥抱、告别，又目送着西哈努克进了舱门。因为飞机起飞之际，有场足球出线比赛，这些送行的高级将领一见西哈努克进了机舱，便迫不及待地四下散去，就像电影散场一样。

周恩来满面春风地站立着，静等飞机升空，突然发觉周围气氛异常。他转头一看，勃然变色。但他马上镇定了自己的情绪，只向身边的秘书轻语：“你跑步去，告诉机场门口，一个也不许放走，我等下有话说。”在整个送行过程中，周恩来始终立正站立，看着飞机起飞，在机场上空绕一圈，摆摆机翼，然后渐渐远去，渐渐消失……将军们也回来了，站在那里目送着飞机离去。随后，周恩来和前来送行的外交使节告别。直到外交使节全离开了，才面对那些将军：“你们都过来。客人还没走，机场已经没人了，人家会怎么想？你们是不是不懂外交礼节？那好，我来给你们上上课！”周恩来声音不高不低，语速不紧不忙地讲起了基本的外交礼节：“按外交礼仪，主人不但要送外宾登机，还要静候飞机起飞，飞机起飞后也不能离开，因为飞机还要在机场上空绕圈，要摆动机翼……”从那以后，这样的事后来再也没有发生过。

任务2 签字礼仪

【知识基础】

签字仪式是政府、部门、企业之间通过谈判，就政治、军事、经济、科技等某一领域相互关系缔结条约、协议或公约而举行的仪式。签字仪式虽不算是一种纯礼仪活动方式，但目前世界各国所举行的签字仪式，都有比较严格的程序及礼节规范。这不仅显示出签字仪式的正式、庄重、严肃，同时也表明双方对缔结条约的重视及对对方的尊重。

一、签字仪式的准备

人们在签署合同之前，通常会竭力做好以下几个步骤的准备工作。

（一）签字场所的选择

签字仪式举行的场所，一般视参加签字仪式的人员规格、人数多少及协议中的商务内容重要程度等因素来确定。多数是选择在客人所住的宾馆、饭店，或东道主的会客厅、洽谈室作为签字仪式的场所。有时为了扩大影响，也可商定在某个新闻发布中心或著名会议、会客场所举行。无论选择在什么场所举行，都应取得对方的同意，否则就是失礼的行为。

（二）签字厅的布置

签字厅有常设专用的，也有临时以会议厅、会客厅来代替的。布置的总原则，是要庄重、整洁、清静。

一间标准的签字厅，应当室内铺满地毯，除了必要的签字用桌椅外，其他一切的陈设都不需要。正规的签字桌应当为长桌，其上最好铺设深绿色的台呢。

按照仪式礼仪的规范，签字桌应当横放于室内。在其后，可摆放适量的座椅。签署双边性合同时，可放置两张座椅，供签字人就座。签署多边合同时，可以仅放一张座椅，供各方签字人签字时轮流就座；也可以为每位签字人都各自提供一张座椅。签字人在就座时，一般应当面对正门。在签字桌上，循例应事先安放好待签的合同文本以及签字笔、吸墨器等签字时所用的文具。与外商签署涉外商务合同时，还需在签字桌上插放有关各方面的国旗。插放国旗时，在其位置与顺序上，必须按照礼宾序列而行。例如，签署双边性涉外商务合同时，有关各方面的国旗须插放在该方签字人座椅的正前方。

（三）签字座次的安排

在正式签署合同时，各方代表对于礼遇均非常在意，因而商务人员对于在签字仪式上最能体现礼遇高低的座次问题，应当认真对待。

签字时各方代表的座次，是由主方代为先期排定的。合乎礼遇的做法是：在签署双边性合同时，应请客方签字人在签字桌右侧就座，主方签字人则应同时就座于签字桌左侧。双方各自的助签人，应分别站立于各自一方签字人的外侧，以便随时对签字人提供帮助。双方其他的随员，可以按照一定的顺序在己方签字人的正对面就座。也可以依照职位的高低，依次自左至右（客方）或是自右至左（主方）地列成一行，站立于己方签字人的身后。当一行站不完时，可以按照以上顺序并遵照“前高后低”的惯例，排成两行、三行或四行。原则上，双方随员人数应大体上相近。

在签署多边性合同时，一般仅设一个签字椅。各方签字人签字时，须依照有关各方事先同意的先后顺序，依次上前签字。他们的助签人，应随之一同行动。在助签时，依“右高左低”的规矩，助签人应站立于签字人的左侧。与此同时，有关各方的随员，应按照一定的序列，面对签字桌就座或站立。

具体而言，签字仪式的座位安排一般有并列式、相对式和主席式 3 种。

（1）并列式

并列式是签字仪式最常见的一种形式。并列式中，签字桌面门横向摆放，签字双方的全体成员在签字桌之后并排排列，面门而坐，客方居右，主方居左。

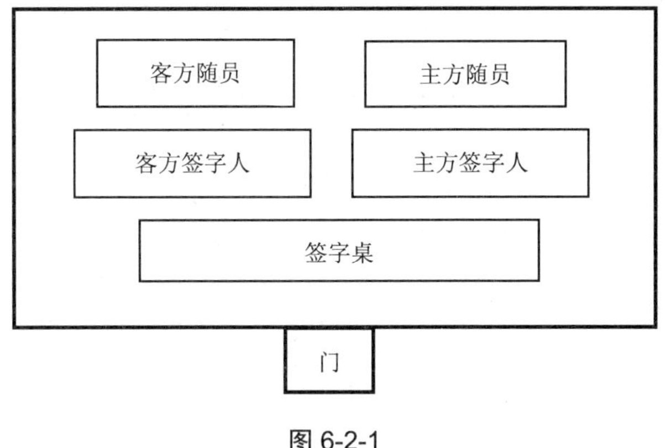

图 6-2-1

（2）相对式

相对式与并列式基本相同，差别在于相对式中，双方的随员移至签字人员对面，而非并列式中与签字人员坐在一方。双方签字人员并排面门而坐，而随员则坐在签字桌与大门之间，与签字人员隔着签字桌。

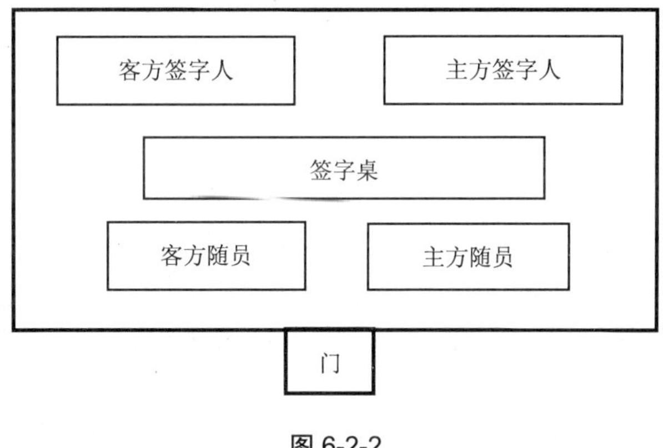

图 6-2-2

（3）主席式

主席式适用于多边签约仪式。主席式中，签字桌仍然面门横向放置，桌后只设一个签字席，且不固定就座者。各方签字人员皆背对正门面对签字席就座，签字时，以规定顺序依次走到签字席签字，然后回到原来坐席。

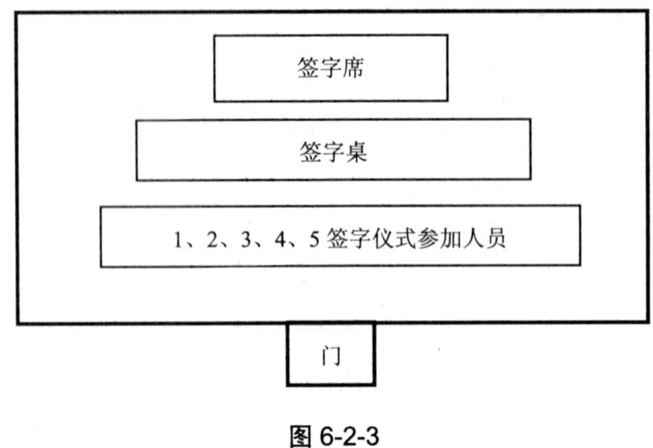

图 6-2-3

由于签字的种类不同，各国的风俗习惯不同，因而签约仪式的安排和签字厅的布置也各不相同。

（四）待签文本的准备

依照惯例，在正式签署合同之前，应由举行签字仪式的主方负责准备待签合同的正式文本。文本应当是正式的，不再进行任何更改的标准文本。

负责为签字仪式提供待签的合同文本的主方，应会同有关各方一道指定专人，共同负责合同的定稿、校对、印刷与装订。按常规，应为在合同上正式签字的有关各方，均提供一份待签的合同文本。必要时，还可再向各方提供一份副本。

签署涉外商务合同时，比照国际惯例，待签的合同文本，应同时使用有关各方法定的官方语言，或是使用国际上通行的英文、法文。此外，亦可同时并用有关各方法定的官方语言与英文或法文。使用外文撰写时，应反复推敲，字斟句酌，不要望文生义或不解其意而乱用词汇。

待签的合同文本，应以精美的白纸印制而成，按大 8 开的规格装订成册，并以高档质料，如真皮、金属、软木等，作为其封面。

（五）签字人员的确定与要求

参加签字仪式的人员，基本上应是双方参加会谈的全体人员。如一方要求某些未参加谈判的人员出席签字仪式，应事先征求对方的意见，取得对方同意。一般礼貌的做法是，出席签字仪式的双方人数大体相等。有时为表示对本次商务谈判的重视或对谈判结果的庆贺，双方更高一级的领导人也可出面参加签字仪式，级别一般也是对等的。

按照规定，签字人、助签人以及随员有一定的服饰礼仪要求。在出席签字仪式时，应当穿着具有礼服性质的深色西装套装、中山装套装，并且配以白色衬衫与深色皮鞋。男士还必须系上单色领带，以示正规。

在签字仪式上露面的礼仪人员、接待人员，可以穿自己的工作制服，或是旗袍一类的礼仪性服装。

（六）签字物料的准备

签字仪式中要使用到的物料包括：

① 签字桌椅。涉外双边签字仪式的座位以签字人员的人朝向为准，按主左客右的惯例摆放，即客方的座位安排在主方的右边。多方签字则按礼宾次序安排各方签字代表的座次，一般按英文国名当头字母的顺序排列，也可按事先商定的顺序排列。排在第一位的居中，第二位排在其右边，第三位排在其左边。

② 国旗。

③ 文具。签字用的文具包括钢笔、墨水、吸墨器（纸）。

④ 讲台。如果安排致辞，可在签字桌的右侧放置讲台或落地话筒。

⑤ 会标。

⑥ 香槟酒。有时在签字仪式结束后，各方举行小型酒会，举杯共庆会谈成功。工作人员应事先准备好香槟酒、酒杯等。

二、签字人员

出席签字仪式的主要包括 3 类人员：

① 签字人。签字人是代表一个国家、政府或企业进行签字的人员，所以，签字人的选择十分关键。签字人应视文件性质由缔约各方确定。有由国家领导人签字的，也有由政府有关部门签字的，如不是国家级的项目，是地区之间、部门之间的协议，则由地区、部门负责人签字（一般是法人代表）。但不管是哪一级，双方签字人的身份大体相当。

② 助签人。助签人的职能是洽谈有关签字仪式的细节，并在签字仪式上帮助翻阅与传递文本、指名签字处。双方的助签人由缔约双方共同商定。

③ 出席签字仪式的人员。出席签字仪式的人员应基本上是参加会谈或谈判的全体人员。如一方要求让某些未参加会谈或谈判的人员出席签字仪式，应事先取得对方的同意；另一方应予以认可。但应注意双方人数最好大体相等。不少国家与企业为了表示对签字仪式的重视，往往由更高级别或更多的领导人出席签字仪式。

三、签字仪式的程序

签字仪式是签署合同的高潮，时间不长，但程序规范、庄重而热烈。常见的签字仪式分为以下程序：

① 签字各方参加人员在工作人员的引导下进入预定的位置。双边缔约，参加签字仪式的领导人和主要见证人面向签字桌，按主左客右的惯例排成一行站立于签字人员的后面，各方身份最高的领导人并排站立于中间，其他人员按身份高低向两侧顺排。

② 主持人向全体参加人员介绍签字各方的主要领导以及其他贵宾。

③ 主持人宣布签字仪式开始。

④ 签字。通常的做法是，首先签署己方保存的合同文本，再接着签署他方保存的合同文本。

每个签字人在由己方保留的合同文本上签字时，按惯例应当名列首位。因此，每个签字人均应首先签署己方保存的合同文本，然后再交由他方签字人签字。这一做法，在礼仪上称为“轮换制”。这是为了在位次排列上，轮流使有关各方均有机会居于首位一次，以显示机会均等、各方平等。

助签人翻开文本，指明签字处，签字人在己方保存的文本上签字。然后助签人合上文本，在签字人的身后互相交换文本。助签人打开对方保存的文本，指明签字处，请签字人逐一签字，再用吸墨器吸干。

⑤ 各方签字人起立，正式交换已经有关各方正式签署的合同文本。此时，各方签字人应热烈握手，互致祝贺，并相互交换各自一方刚才使用过的签字笔，以志纪念。全场人员应鼓掌，表示祝贺。

⑥ 主持人请各方领导人先后致辞。致辞的顺序是：双边签字仪式为先主后客，多边签字仪式按签字顺序致辞。有时这个环节也可省略。

⑦ 举行小型酒会，服务人员用托盘端上香槟酒，双方签约人员举杯同庆。这是国际上通行的做法，以增添合作愉快气氛。

⑧ 联合举行记者招待会或新闻发布会，双方可共同接受媒体采访。退场时，可安排客方人员先走，主方送客后自己再离开。

任务3 剪彩礼仪

【知识基础】

剪彩是指有关组织为了庆祝开张、开业、开幕等重要活动，邀请专人使用剪刀剪断红色绸带的仪式。这是一种常见的提升组织知名度和影响力的宣传形式。在剪彩过程中，同样有些约定俗成的礼节不容忽视。

一、剪彩仪式的准备

① 红色缎带，亦即剪彩仪式之中的“彩”。作为主角，它自然是万众瞩目之处。按照传统做法，它应当由一整匹未曾使用过的红色绸缎，在中间结成数朵花团而成。为了厉行节约，代之以长度为两米左右的细窄的红色缎带，或者以红布条、红线绳、红纸条作为其变通，也是可行的。一般来说，红色缎带上所结的花团，不仅要生动、硕大、醒目，而且其具体数目往往还同现场剪彩者的人数直接相关。循例，红色缎带上所结的花团的具体数目可以比现场剪彩者的人数多一个或者少一个。前者可使每位剪彩者总是处于两朵花团之间，尤显正式。后者则不同常规，亦有新意。

② 新剪刀，是专供剪彩者在剪彩仪式上正式剪彩时所使用的。它必须是每位现场剪彩人手一把，而且必须崭新、锋利而顺手。事先一定要逐把检查一下剪刀是否已经开刃，好不好用。务必使现场剪彩一举成功，切勿一再补刀。在剪彩仪式结束后，主办方可将每位剪彩者所使用的剪刀经过包装之后，送给对方以资纪念。

③ 白色薄纱手套，是专为剪彩者所准备的。在正式的剪彩仪式上，剪彩者剪彩时最好每人戴上一副白色薄纱手套，以示郑重其事。在准备白色薄纱手套时，除了要确保其数量充足之外，还须使之大小适度、崭新平整、洁白无瑕。有时也可不准备白色薄纱手套。

④ 托盘，用作盛放红色缎带、剪刀、白色薄纱手套。剪彩所用的托盘通常首选银色的不锈钢制品。最好是崭新的、洁净的。为了显示正规，可在使用时上铺红色绒布或绸布。就其数量而论，在剪彩时，可以一只托盘依次向各位剪彩者提供剪刀与手套，并同时盛放红色缎带；也可以为每一位剪彩者配置一只专为其服务的托盘，同时红色缎带专由一只托盘盛放。后一种方法显得更加正式。

⑤ 红色地毯，主要用于铺设在剪彩者正式剪彩时的站立之处。其长度可视剪

彩人数的多寡而定，其宽度则应在一米以上。在剪彩现场铺设红色地毯，主要是为了提升档次，并营造一种喜庆的气氛，有时也可不予铺设。

二、剪彩人员

除主持人之外，剪彩的人员主要是由剪彩者与助剪者两个主要部分的人员所构成的。

（一）剪彩者

即在剪彩仪式上持剪刀剪彩之人。根据惯例，剪彩者可以是一个人，也可以是几个人，但是一般不应多于 5 人。通常，剪彩者多由上级领导、合作伙伴、社会名流、员工代表或客户代表所担任。

在剪彩仪式正式举行之前，要确定剪彩者名单。并应尽早告知对方，使其有所准备。必须尊重对方个人意见，切勿勉强对方。需要由数人同时担任剪彩者时，应分别告知每位剪彩者届时他将与何人同担此任。这是对剪彩者的一种尊重。千万不要“临阵磨枪”，在剪彩开始前方才强拉硬拽，临时找人凑数。

必要时可让剪彩者事先演练。按照常规，剪彩者应着套装、套裙或制服，将头发梳理整齐。不允许戴帽子、墨镜，也不允许其穿着便装。

若剪彩者仅为一人，则其剪彩时居中而立即可。若剪彩者不止一人时，则其同时上场剪彩时位次的尊卑就必须予以重视。一般的规矩是：中间高于两侧，右侧高于左侧，距离中间站立者愈远位次便愈低，即主剪者应居于中央的位置。需要说明的是，之所以规定剪彩者的位次“右侧高于左侧”，主要是因为这是一项国际惯例，剪彩仪式理当遵守。其实，若剪彩仪式并无外宾参加时，执行我国“左侧高于右侧”的传统做法，也无不可。

（二）助剪者

即在剪彩过程中从旁为剪彩者提供帮助的人员。一般而言，助剪者多由东道主一方的女职员担任，人们对她们的常规称呼是礼仪小姐。礼仪小姐的基本条件是，相貌较好、年轻健康、气质高雅、反应敏捷、机智灵活。礼仪小姐的最佳装束应为：化淡妆、盘起头发，穿款式、面料、色彩统一的单色旗袍，配肉色连裤丝袜、黑色高跟皮鞋。除戒指、耳环或耳钉外，不佩戴其他任何首饰。有时，礼仪小姐身穿深色或单色的套裙亦可。但是，她们的穿着打扮必须尽可能地整齐划一。必要时，可向外单位临时聘请礼仪小姐。

具体而言，在剪彩仪式上服务的礼仪小姐，又可以分为迎宾者、引导者、服务者、拉彩者、捧花者、托盘者。迎宾者的任务，是在活动现场负责迎来送往。引导者的任务，是在进行剪彩时负责带领剪彩者登台或退场。服务者的任务，是为来宾尤其是剪彩者提供饮料，安排休息之处。拉彩者的任务，是在剪彩时展开、拉直红色缎带。捧花者的任务则在剪彩时手托花团。托盘者的任务，则是为剪彩者提供剪刀、手套等剪彩用品。

在一般情况下，迎宾者与服务者应不止一人。引导者既可以是一个人，也可以为每位剪彩者各配一名。拉彩者通常应为两人。捧花者的人数则需要视花团的具体数目而定，一般应为一花一人。托盘者可以为一人，亦可以为每位剪彩者各配一人。有时，礼仪小姐亦可身兼数职。

三、剪彩程序

一般来说，剪彩仪式宜紧凑，忌拖沓，耗时越短越好。短则一刻钟即可，长则至多不宜超过一个小时。

按照惯例，剪彩既可以是开业仪式中的一项具体程序，也可以独立出来，由其自身的一系列程序所组成。独立而行的剪彩仪式，通常应包含如下 6 项基本的程序：

① 请来宾就位。在剪彩仪式上，通常只为剪彩者、来宾和本单位的负责人安排坐席。在剪彩仪式开始时，应敬请大家在已排好顺序的座位上就坐。在一般情况下，剪彩者应就坐于前排。若其不止一人时，则应使之按照剪彩时的具体顺序就坐。

② 宣布仪式正式开始。在主持人宣布仪式开始后，乐队应演奏音乐，现场可施放礼花礼炮，全体到场者应热烈鼓掌。此后，主持人应向全体到场者介绍到场的重要来宾。

③ 奏庆典喜庆乐曲。此刻须全场起立。必要时，亦可随之演奏本单位标志性歌曲。

④ 随后发言。发言者依次应为东道主单位的代表、上级主管部门的代表、地方政府的代表、合作单位的代表等。发言内容应言简意赅，每人不超过三分钟，重点分别应为介绍、道谢与致贺。

⑤ 进行剪彩。此刻，全体应热烈鼓掌，必要时还可奏乐或燃放鞭炮。在剪彩前，须向全体到场者介绍剪彩者。

进行正式剪彩时，剪彩者与助剪者的具体做法必须合乎规范，否则就会使其效果大受影响。

当主持人宣告进行剪彩之后，礼仪小姐即应率先登场。在上场时，礼仪小姐应排成一行行进。从两侧同时登台，或是从右侧登台均可。登台之后，拉彩者与捧花者应当站成一行，拉彩者处于两端拉直红色缎带，捧花者各自双手手捧一朵花团。托盘者须站立在拉彩者与捧花者身后一米左右，并且自成一行。

在剪彩者登台时，引导者应在其左前方进行引导，使之各就各位。剪彩者登台时，宜从右侧出场。当剪彩者均已到达既定位置之后，托盘者应前行一步，到达前者的右后侧，以便为其递上剪刀、手套。

剪彩者若不止一人，则其登台时亦应列成一行，并且使主剪者行进在前。在主持人向全体到场者介绍剪彩者时，后者应面含微笑向大家欠身或点头致意。

剪彩者行至既定位置之后，应向拉彩者、捧花者含笑致意。当托盘者递上剪刀、手套，亦应微笑着向对方道谢。

在正式剪彩前，剪彩者应首先向拉彩者、捧花者示意，待其有所准备后，集中精力，右手手持剪刀，表情庄重地将红色缎带一刀剪断。若多名剪彩者同时剪彩时，其他剪彩者应注意主剪者动作，与其主动协调一致，力争大家同时将红色缎带剪断。

按照惯例，剪彩以后，红色花团应准确无误地落入托盘者手中的托盘里，而切勿使之坠地。为此，需要捧花者与托盘者的合作。剪彩者在剪彩成功后，可以右手举起剪刀，面向全体到场者致意。然后放下剪刀、手套于托盘之内，举手鼓掌。接下来，可依次与主人握手道喜，并列队在引导者的引导下退场。退场时，一般宜从右侧下台。

待剪彩者退场后，其他礼仪小姐方可列队由右侧退场。

不管是剪彩者还是助剪者在上下场时，都要注意井然有序、步履稳健、神态自然。在剪彩过程中，更要表现得不卑不亢、落落大方。

⑥ 进行参观。剪彩之后，主人应陪同来宾参观被剪彩之物。仪式至此宣告结束。随后东道主单位可向来宾赠送纪念性礼品，并以自助餐款待全体来宾。

【实训拓展】

剪彩的由来

剪彩的由来有两种说法：

一种说法是，剪彩起源于西欧。

在古代，西欧造船业比较发达，新船下水往往吸引成千上万的观众。为了防止人群拥向新船而发生意外事故，主持人在新船下水前，在离船体较远的地方，用绳索设置一道“防线”。等新船下水典礼就绪后，主持人就剪断绳索让观众参观。

后来绳索改为彩带。人们就给它起了“剪彩”的名称。

另一种说法是，剪彩起源于美国。

1912 年，在美国的一个乡间小镇上，有家商店的店主慧眼独具，从一次偶然发生的事故中得到启发，以它为模式开一代风气之先，为商家创立了一种崭新的庆贺仪式——剪彩仪式。

当时，这家商店即将开业，店主为了阻止闻讯之后蜂拥而至的顾客在正式营业前耐不住性子，争先恐后地闯入店内，将用于优惠顾客的便宜货争购一空，而使守时而来的人们得不到公平的待遇，便随便找来一条布带子拴在门框上。谁曾料到这项临时性的措施竟然更加激发起了挤在店门之外的人们的好奇心，促使他们更想早一点进入店内，对行将出售的商品先睹为快。

事也凑巧，正当店门之外的人们的好奇心上升到极点，显得有些迫不及待的时候，店主的小女儿牵着一条小狗突然从店里跑了出来，那条“不谙世事”的可爱的小狗若无其事地将拴在店门上的布带子碰落在地。店外不明真相的人们误以为这是该店为了开张志喜所搞的“新把戏”，于是立即一拥而入，大肆抢购。让店主转怒为喜的是，他的这家小店在开业之日的生意居然红火得令人难以想象。

向来有些迷信的他便追根溯源地对此进行了一番“反思”，最后他认定，自己的好运气全是由那条被小女儿的小狗碰落在地的布带子所带来的。因此，此后在他旗下的几家“连锁店”陆续开业时，他便将错就错地如法加以炮制。久而久之，他的小女儿和小狗无意之中的“发明创造”，经过他和后人不断地“提炼升华”，逐渐成为一整套的仪式。它先是在全美，后是在全世界广为流传开来。在流传的过程中，它自己也被人们赋予了一个极其响亮的鼎鼎大名——剪彩。沿袭下来，就成了今天盛行的“剪彩”仪式。

任务 4 宴请礼仪

【知识基础】

宴请是为了表示欢迎、答谢、祝贺、喜庆等举行的餐饮活动，以增进友谊和融洽气氛，是商务交往中常见的交际活动形式。宴请的种类繁多，形式多样，掌握其礼仪规范是十分重要的。

一、宴请形式

根据不同的交际目的、邀请对象以及费用开支等因素，常见的宴请形式有以下几种。

（一）宴会

宴会指一种比较隆重、正式的设宴招待，按其规格又有国宴、正式宴会、便宴和家宴之分。

① 国宴。特指国家元首或政府首脑为国家庆典或为外国元首、政府首脑来访而举行的宴会。这种宴会规格高，庄严而又隆重。按规定宴会厅内悬挂国旗，安排乐队演奏国歌及席间乐，宾主双方致辞、祝酒。菜单和坐席卡上均印有国徽，出席者的身份规格高，代表性强，宾主均按身份排位就坐，礼仪严格。

② 正式宴会。正式宴会通常是政府和团体等有关部门为欢迎应邀来访的宾客，或来访的宾客为答谢主人而举行的宴会。这种形式除不挂国旗、不奏国歌以及出席者规格低于国宴外，其余的安排大致与国宴相同。

③ 便宴。便宴多用于招待熟悉的宾朋好友，是一种非正式的宴会。这种宴会形式简便，规模较小，不拘严格的礼仪，不用排席位，不作正式致辞或祝酒，宾主间较随便、亲切，用餐标准可高可低，适用于日常友好交往。常见的便宴按举办的目的不同可分为迎送宴会、生日宴会、婚礼宴会、节日宴会、特别宴会。

④ 家宴。顾名思义就是在家中设宴招待客人，以示亲切、友好。它在社交和商务活动中发挥着尊敬客人和促进人际交往的重要作用，西方人喜欢采取这种形式。家宴在形式上可分为家庭聚会、自助会、家庭冷餐会和在饭店宴请等几种。

（二）招待会

招待会是一种灵活、经济实惠的宴请形式。常见的招待会主要分为冷餐会、自助餐和酒会 3 种。

① 冷餐会。冷餐会的特点是一种立餐形式，不排座位。菜肴以冷食为主，也可冷热兼备，连同餐具一同摆设在餐桌上，供客人自取。客人可以多次取食，站立进餐，自由活动，彼此交谈。当然，对于老年、体弱者要准备座椅，可由服务员接待。这种形式既节省费用又亲切随和，得到越来越广泛的采用。我国举行大型冷餐会，往往用大圆桌，设座椅，主桌安排座位，其余各席并不固定座位。食品和饮料均事先放置在桌上，招待会开始后，自行进食。

② 自助餐。自助餐和冷餐会大致相同，只是现代自助餐比较丰富，而且有比较多的热菜，甚至有厨师当场煎炒。

③ 酒会。也称鸡尾酒会，更显得活泼、方便。食品以酒水为主，略备小吃，不设座位，宾主皆可随意走动，自由交谈。这种形式比较灵活，便于广泛接触交

谈。举行时间也较灵活，中午、下午、晚上均可，持续时间两小时左右。在请柬规定的时间内，宾客到达和退席的时间不受限制，可以晚到早退。酒会多用于大型活动，客人可利用这个机会进行社会交际和商务交际。

（三）茶会

茶会在西方一般有早、午茶时间，即上午 10 时下午 4 时左右，以请客人品茶为主。茶会通常设在客厅，设茶几座椅，略备点心小吃，不排席位，入座时有意识将主宾和主人安排坐在一起，其他人随意就坐。茶会通常体现茶文化，如茶道等，因此对茶叶、茶具及递茶均有所规定。我国通常称为“茶话会”。

（四）工作进餐

工作进餐是现代国际交往中又一非正式宴请形式，按用餐时间可分为工作早餐、工作午餐和工作晚餐。进餐时，边吃边谈。这种形式多以快餐分食的形式，既简便快速，又符合卫生要求，此类活动多与工作有关，故一般不请配偶。双边工作进餐往往以长桌安排席位，便于宾主双方交谈、磋商。

二、中餐礼仪

“民以食为天”的俗语说明中国人对饮食文化的关注和重视，作为东方礼仪之邦，餐桌礼仪是中国数千年传统文化的反映。餐桌，是考验一个人修养的重要场所，吃，是中国人协调人际关系的一种方式。作为一种社交性活动的宴请，是对宾客的一种礼遇，必须按规定礼节礼仪的要求进行准备。宴会的成功与否与前期的准备工作密不可分。

（一）赴宴准备礼仪

1. 确定宴请对象、范围、规格

宴请的目的一般很明确，如节庆日聚会、贵宾来访、工作交流、结婚祝寿等。根据不同目的来决定宴请的对象和范围，即请哪些人，请多少人，并列出客人名单，一般以“少”“适”为原则，有直接影响的人自然不可漏请，但拉人凑数的做法也不恰当，会令宴请目的不明，失去意义。在确定邀请对象时应考虑到客人之间的关系，以免出现不快和尴尬的局面。宴请规格的确定一般应考虑出席者的最高身份、人数、目的、主宾情况等因素。规格过低，会显得失礼、不尊重；规格过高，则造成浪费。参加宴会的人彼此身份相当时，会感到一定的满足。出席人数尽量保持偶数，这会使每个人都至少有一个谈话对象，避免有人被落单，这也

是从礼仪方面要考虑的事情。

2. 确定宴请的时间、地点

宴请要考虑时间和地点两大因素，应根据宴请的目的和主宾的情况而定。

一般来说，宴请的时间安排应对主宾双方都较为合适为宜，最好事先征求一下主宾的意见，尽量为客人方便着想，避免与工作、生活安排发生冲突，通常安排在晚上6—8点。另外，西方正式宴会通常在晚上8—9点开始，但一般都请客人提前半个小时到达。在时间的选择上要照顾大部分公众的习俗，一般不宜安排在对方的重大节日、重要活动之际或有禁忌的日子和时间，例如，对于西方人而言，宴请活动不能够安排在圣诞之夜。欧美人忌讳“13”，特别是“13”日的星期五称为黑色之日。日本人忌讳“4”“9”，因为发音同“死”和“苦”。宴请时间尽量避开以上数字的时日。宾客中有伊斯兰教徒的话，又正遇他们的斋日，那么宴请最好能够安排在日落后进行。

宴请的地点也应视交通、宴会规格和主宾情况而定。如是官方隆重的宴请活动，一般安排在政府议会大厦或客人下榻的宾馆酒店内举行；或是选择比较熟悉的地点，便于了解它的环境、供应、服务和特点。企事业单位的宴请，有条件的可在本单位的饭店或附近的酒店进行。

3. 邀请

邀请的形式有两种，一是口头的，二是书面的。口头邀请就是当面或者通过电话把活动的目的、名义以及邀请的范围、时间、地点等告诉对方，然后等待对方答复，对方同意后再作活动安排。书面邀请也有两种方式，一种是比较普遍的发“请柬”；正式宴会必须使用请柬，一般不要电话邀请或请别人代为转告，否则不合乎礼仪；还有一种就是写“便函”，这种方式目前使用较少。书面邀请应注意以下礼仪：

① 掌握好发送时间。国内邀请按被邀请人的远近，一般以提前3～7天为宜。过早，客人可能会因日期长久而遗忘；太迟，使客人措手不及，难以如期应邀。为了保险起见，在宴请活动前夕，不妨再用电话联系，确认被邀请者是否收到请柬和能够出席等事项。如发现陪客不能接受邀请，可以及早考虑候补之宾。

② 发请柬的方法。请帖上面应写明宴请的目的、名义、时间、地点等，然后发送给客人。请帖发出后，应及时落实出席情况，做好记录，以安排并调整席位，即使是不安排席位的活动，也应对出席率有所估计。

请柬行文要注意以下几个要点：

一是写清目的。明确目的就是要说明“为什么宴请”这件事情，一般的写法是，谨定于某年某月某日，在什么地方举行一个什么样的活动，然后敬请对方光临。

二是没有标点符号。一般的中文请柬行文不用标点符号。如果为国宾举行宴会，请柬上应印有国徽。较复杂的行文也可使用标点符号。

三是行文格式。请柬一般由标题、称呼、正文、结尾、落款5部分构成。

- 标题。在封面上写的“请柬”（请帖）二字就是标题，一般要做一些艺术加工，可用美术体的文字，文字的色彩可以烫金，可以有图案装饰等。需要说明的是，通常请柬已按照书信格式印制好，发文者只需填写正文而已。封面也已直接印上了名称“请柬”或“请帖”字样。
- 称呼。要顶格写出被邀请者（单位或个人）的姓名名称。如“某某先生”“某某单位”等。称呼后而加上冒号。
- 正文。要写清活动内容，如开座谈会、联欢晚会、生日派对、国庆宴会、婚礼、寿诞等。写明时间、地点、方式。如果是请人看戏或其他表演还应将入场券附上。若有其他要求也需注明，如“请准备发言”“请准备节目”等。
- 结尾。要写上礼节性问候语或恭候语，如“致以——敬礼”“顺致——崇高的敬意”“敬请光临”等，在古代这叫作“具礼”。
- 落款。署上邀请者（单位或个人）的名称和发柬日期。

当然，有一些小型的宴会或者是很熟的朋友聚会，就不一定要严格按此格式，可以简单写上，谨定于某年某月某日，举行一个宴会（招待会或家宴），即可。

四是文字措辞。请柬上的文字务必要简洁、清晰、准确，对时间、地点和人名等要反复核对，做到正确无误，万无一失。措辞要典雅、亲切、得体。例如不能把“敬备茶点”写成“有茶点招待”，不能把“寿终正寝”写成“死亡”，不能把“敬请光临”写成“准时出席”，不能把“谨此奉告”写成“特此通知”等。另外不要把未婚的写成了“夫妇”，或者丧偶的，也写上“夫妇”，引起对方触字伤怀，这就失礼了。

以上四个方面，任何一个环节都不可失礼，否则必将给个人或组织形象带来严重损失。总之，邀请无论以何种形式发出，均应真心实意，热情真挚。邀请发出后，要及时与被邀者取得联系，以便做好客人赴宴的准备工作。

4．菜谱的安排

宴会菜谱的确定，应根据宴会的规格而定，所谓“看客下菜”。总的原则应考虑客人的身份以及宴请的目的，做到丰俭得当。整桌菜谱应有冷有热，荤素搭配，有主有次，主次分明，既突出主菜，如鲍鱼、鱼翅等，以显示菜肴的档次，又配一般菜以调剂客人的口味，如特色小炒、传统地方风味菜等，以显示菜肴的丰富。

具体菜肴的确定可以考虑“三优四忌”。“三优”是指优先考虑的菜肴有三类：

第一类，有中餐特色的菜肴。宴请外宾的时候，这一条更要重视。像炸春卷、煮元宵、蒸饺子、狮子头、宫爆鸡丁等，并不是佳肴美味，但因为具有鲜明的中国特色，所以受到很多外国人的推崇。

第二类，有本地特色的菜肴。比如西安的羊肉泡馍，湖南的毛家红烧肉，上海的红烧狮子头，北京的涮羊肉，在那里宴请外地客人时，上这些特色菜，恐怕要比千篇一律的山珍海味更受好评。

第三类，本餐馆的特色菜。很多餐馆都有自己的特色菜。上一份本餐馆的特色菜，能说明主人的细心和对被请者的尊重。

“四忌”是指安排菜单时必须考虑来宾的饮食禁忌，特别是要对主宾的饮食禁忌高度重视。这些饮食方面的禁忌主要有四条：

第一，宗教的饮食禁忌，一点也不能疏忽大意。例如，穆斯林通常不吃猪肉，并且不喝酒。国内的佛教徒少吃荤腥食品，它不仅指的是肉食，而且包括葱、蒜、韭菜、芥末等气味刺鼻的食物。一些信奉观音的佛教徒在饮食中尤其禁吃牛肉，这点在招待港澳台及海外华人同胞时尤要注意。

第二，出于健康的原因，对于某些食品，也有所禁忌。比如，患有心脏病、脑血管疾病、动脉硬化、高血压和中风后遗症患者，不适合吃狗肉；肝炎病患者忌吃羊肉和甲鱼；胃肠炎、胃溃疡等消化系统疾病患者不合适吃甲鱼；高血压、高胆固醇患者，要少喝鸡汤等。

第三，不同地区，人们的饮食偏好往往不同。对于这一点，在安排菜单时要兼顾。比如，中国人口味可以概括为“东辣西酸，南甜北咸”。英美国家的人通常不吃宠物、稀有动物、动物内脏、动物的头部和脚爪。另外，宴请外宾时，尽量少点生硬需啃食的菜肴，外宾在用餐中不太会将咬到嘴中的食物再吐出来，这也需要顾及。

第四，有些职业，出于某种原因，在餐饮方面往往也有各自不同的特殊禁忌。例如，国家公务员在执行公务时不准吃请，在公务宴请时不准大吃大喝，不准超过国家规定的标准用餐，不准喝烈性酒。再如，驾驶员工作期间不得喝酒。要是忽略了这一点，还有可能使对方犯错误。

5. 席位安排礼仪

正式宴会，一般都事先安排座次，以便参加宴会者入席时井然有序，同时也是对客人的一种礼貌。非正式宴会不必提前安排座次，但通常就坐也要有上下之分。为了便于来宾准确无误地在自己位次上就坐，除招待人员和主人要及时加以引导指示外，应在每位来宾所属座次正前方的桌面上，事先放置醒目的个人姓名座位卡。举行涉外宴请时，座位卡应以中、英文两种文字书写。中国的惯例是，中文在上，英文在下。必要时，座位卡的两面都书写用餐者的姓名。排列便餐的席位时，如果需要进行桌次的排列，可以参照宴请时桌次的排列进行。桌次的排列，可以遵循 4 个原则：

① 以右为上。即各桌横向并列时，以面对宴会厅正门为准，右侧的餐桌高于左桌的餐桌。

② 以远为上。即各桌纵向排列时，以距离宴会厅正门的远近为准，距其越远，餐桌的桌次越高。

③ 居中为上。即各桌围绕在一起时，居于正中的那张餐桌应为主桌。

④ 临台为上。即宴会厅内若有专用的讲台时，背靠讲台的餐桌为主桌。若宴会厅内没有专用讲台，有时也可以背临主要画幅的那张餐桌为主台。

宴请时，每张餐桌上的具体位次也有主次尊卑之分。排列位次的基本方法有 4 条，它们往往会同时发挥作用。

① 主人在主桌面对正门之位就座。

所谓“面门为主”，是指在每一张餐桌上，以面对宴会厅正门的正中那个座位为主位，通常应请主人在此就座。若宴会厅无正门，则一般以面对主屏风正中的那个座位为主位。

② 多桌宴请时，每桌都要有一位主人的代表在座。位置一般和主桌主人同向，有时也可以面向主桌主人。

所谓“各桌同向”，是指在举行大型宴会时，其他各桌的主陪之位，均应与主桌主位保持同一方向。

③ 各桌位次的尊卑，以距离该桌主人的远近而定，以近为上，以远为下。

④ 各桌距离该桌主人相同的位次，讲究以右为尊。

所谓“右高左低”，是指在每张餐桌上，除主位之外，其余座位位次的高低，应以面对宴会厅正门时为准，右侧的位次高于左侧的位次。如果就某一侧的座位而言，距离主位越近，位次越高。一般情况之下，可将主宾排在主人右手，而将主宾夫人排在其左手。主人的夫人则往往被安排在主宾的右侧就座。

另外，每张餐桌上所安排的用餐人数应限在 10 人以内，最好是双数。比如，6 人、8 人、10 人。人数如果过多，不仅不容易照顾，而且也可能坐不下。

根据上面 4 个位次的排列方法，圆桌位次的具体排列可以分为两种具体情况。它们都是和主位有关。

① 每桌一个主位的排列方法。特点是每桌只有一名主人，主宾在右手就座，每桌只有一个谈话中心。

② 每桌两个主位的排列方法。特点是主人夫妇在同一桌就座，以男主人为第一主人，女主人为第二主人，主宾和主宾夫人分别在男女主人右侧就座。每桌从而客观上形成了两个谈话中心。

如果主宾身份高于主人，为表示尊重，也可以安排在主人位子上坐，而请主人坐在主宾的位子上。

6. 宴请程序

迎客时，主人一般在门口迎接。官方活动除主人外，还有少数其他主要官员陪同主人排列成行迎宾，通常称为迎宾线，其位置一般在宾客进门存衣以后进入休息厅之前。与宾客握手后，由工作人员引入休息厅或直接进入宴会厅。主宾抵达后由主人陪同主宾进入宴会厅，全体宾客入席，宴会开始。若宴会规模较大，则可请主桌以外的客人先入座，贵宾后入座。若有正式讲话，可以一入席，宾主双方即讲话，也可以安排在热菜之后甜食之前由主人讲话，接着由主宾讲话。冷餐会及酒会讲话时间则更灵活，吃完水果，主人和主宾起立，宴会即告结束。

（二）赴宴的礼仪

宾客参加宴会，无论是代表组织，还是以个人身份出席，从入宴到告辞都应注重礼节规范。这既是个人素质与修养的表现，又是对主人的尊重。

1. 认真准备

接到邀请，能否出席应尽早答复对方，以便主人做出安排。一旦确定出席，就不要随意改动，万一遇到特殊情况不能出席时，尤其是作为主宾，要尽早向主人解释、道歉，甚至亲自登门表示歉意。应邀出席一项活动之前，要核实宴请的主人，活动举办的时间、地点，是否邀请配偶以及对服饰的要求。

出席宴会之前，一般应梳洗打扮。根据服装的“TPO”原则选择恰当着装，衣着要求整洁、大方、美观，这给宴会增添隆重热烈的气氛。女士要化妆，男士梳理头发并剃须。注意如有戴帽子的宾客，在进入会场后理应脱帽，并放在合适的位置；在参加宴会活动时，都不应佩戴墨镜，若有特殊情况，应向主人或宾客解释并致歉。

如果参加家庭宴会，可给女主人准备一份礼品，在宴会开始之前送给主人。礼品价值不一定很高，但要有意义。

2. 适时抵达

适时出席宴会是最基本的礼貌。出席宴请活动，抵达的迟早、逗留时间的长短，在一定程度上反映对主人的尊重，应根据活动的性质和当地习俗掌握。迟到、早退、逗留时间过短，都被视为失礼或有意冷落。身份高者可略晚些到达，一般客人宜略早些到达。出席宴会要根据各地习惯正点或晚一二分钟抵达；我国则是正点或提前一二分钟抵达。出席酒会可以在请柬注明的时间内到达。抵达宴会活动地点，先到衣帽间脱下大衣和帽子，然后前往迎宾处，主动向主人问候；或者先到休息室等待，在引导下与其他宾客一起入席；如果没有休息室，则直接进入宴会厅；如果是庆祝活动，应表示祝贺。对在场其他客人，均应点头示意互致问候。

3. 礼貌入座

应邀出席宴会活动，应听从主人的安排，在进入宴会厅之前先掌握自己的桌次和座位。入座时注意桌上座席卡是否写有自己的名字，不可随意入座。如邻座是长者或女士，应主动协助，帮助他们先坐下。

入座时，要从椅子左边进入，坐下以后要坐端正身子，女士双腿应并拢，男士自然即可。不要以手托腮，也不要将双肘放于桌上或邻座的椅背上，更不要弯腰驼背，显得没有精神。入座后，脚应放在自己座位附近，不可随意伸出，以免影响他人。坐姿要维持端正，但不要僵硬不自然，并注意与餐桌保持适当的距离。使餐桌与身体的距离保持在 10～20 厘米。

入座后，不要有太多小动作。如不可玩弄桌上的酒杯、碗盘、刀叉、筷子等餐具。手机最好关机，或调成震动模式，如有紧急电话需接，请离座至适当场地接听。手提包、钥匙、手机、香烟、打火机等私人物品，不可放在桌上妨碍他人用餐，应放进手提包内，再将手提包放在背部与椅背间，而不是放在餐桌上或地上。

4. 注意交谈

坐定后，如已有茶，可轻轻饮用。无论是主人还是宾客或陪客，都应与同桌的人交谈，特别是左邻右座，不可只与几位熟人或一两人交谈。若不相识，可自我介绍。谈话要掌握时机，要视交谈对象而定。不可只顾自己一人夸夸其谈，或谈一些荒诞离奇的事而引人不悦。

5. 文雅进餐

宴会开始时，一般是主人先致祝酒词。此时应停止谈话，不可吃东西，注意倾听。致辞完毕，主人招呼后，即可开始进餐。

就餐时，按照传统应先请客人、长者动筷子。进餐时须温文尔雅，从容安静，不能急躁。不要吃得摇头摆脑，宽衣解带，满脸油汗，汁汤横流，响声大作。不但失态欠雅，而且还会败坏别人的食欲。不要狼吞虎咽，埋头吃，不理睬他人，要适时和左右的人聊几句风趣的话，以调解气氛。嘴里有食物时不可谈话。

多人一桌用餐，取菜要注意相互礼让，依次而行，取用适量。不要好吃多吃，争来抢去，而不考虑别人用过没有。够不到的菜，可以请人帮助，不要起身甚至离座去取。距离自己远的菜就少吃一些；如果是转桌，要等到菜转到自己面前时再动筷。

用餐时，碗盘器皿不可拿在手上，应用筷子取一口大小的食物先放在自己的饭碗中，而不是直接把菜肴放入口里，更不能伸出舌头去接食物。夹菜的时候，不要左顾右盼，翻来翻去，在公用的菜盘内挑挑拣拣。要是夹起来又放回去，就显得缺乏教养。很烫的食物，不可用嘴吹冷匆忙送入口中，应等稍凉后再取食。如果遇到邻座夹菜要避让，谨防筷子打架。

吃饭、喝汤时不宜发出声音。喝汤应用汤勺慢慢喝，不可就着碗喝，若汤过热，要待热汤变凉一点，再用汤匙小口小口饮用。

如果用餐时要给客人或长辈夹菜，则最好用公筷，也可把距离客人或长辈较远的菜送到他们跟前。可以劝别人多用一些，或是品尝某道菜肴，但不要不由分说，擅自作主，主动为别人夹菜、添饭。这样既不卫生，也会让人勉为其难。

同桌如有外宾，不用反复劝菜，也不要为其夹菜，因为外宾一般没有这个习惯。以前为宾客夹菜表示中国人的好客之道，现在应让宾客依自己的喜好取用菜色，较合乎时宜也较卫生。如果本人不能吃或不爱吃的菜肴，当招待员上菜或主人夹菜时，不要拒绝，可取少量放在盘内，并表示“谢谢，够了。”对不合口味的菜，勿显露出难堪的表情。

骨、刺要吐出时，应用餐巾或以右手遮口，隐秘地吐在左手掌中，或用筷子取出，再轻置于骨盘中，不可抛弃在桌面或地上。吃剩的菜，用过的餐具牙签，都应放在盘内，勿置桌上。有骨或壳的食物，应避免用手剥咬，可用筷子或汤匙取食为宜。

任何国家的餐饮，都有自己的传统习惯和寓意，中餐也不例外。比方说，过年少不了鱼，表示“年年有余”；和渔家、海员吃鱼的时候，忌讳把鱼翻身，因为那有“翻船”的意思。这些在用餐时都要注意。

依照惯例，客人出席正式或传统的晚餐时，不会吃光桌上的菜肴，以免令主人家误以为菜肴预备不足，因而感到尴尬。

用餐期间，不要敲敲打打，比比画画。还要自觉做到不吸烟。剔牙时，要用手或餐巾遮口，不可边走动边剔牙。用餐时，如果需要有清嗓子、擤鼻涕、吐痰等举动，要去洗手间解决。

用餐的时候，不要当众修饰。比如，不要梳理头发，化妆补妆，宽衣解带，脱袜脱鞋等。如必要可以去化妆间或洗手间。用餐的时候不要离开座位，四处走动。如果有事要离开，也要先和旁边的人打个招呼，可以说声“失陪了”“我有事先行一步”等。

6．学会敬酒

无酒不成宴，关于敬酒同样也不能马虎。

首先，要注意敬酒的顺序。一般情况下应按年龄大小、职位高低、宾主身份为序，敬酒前一定要充分考虑好敬酒的顺序，分明主次，避免出现尴尬的情况。即使分不清或职位、身份高低不明确，也要按统一的顺序敬酒，比如先从自己身边按顺时针方向开始敬酒，或是从左到右、从右到左进行敬酒等。

其次，要注意敬酒的举止。敬酒分为正式敬酒和普通敬酒。

正式敬酒是指宴会一开始的时候，主人先向大家集体敬酒，并同时说标准的祝酒词。这种祝酒词内容可以稍长一点，一般在 5 分钟之内讲完。当主人向集体敬酒、说祝酒词的时候，所有人应该一律停止用餐或喝酒。主人提议干杯的时候，所有人都要端起酒杯站起来，互相碰一碰。按国际通行的做法，敬酒不一定要喝干。即使平时滴酒不沾的人，也要拿起酒杯抿上一口装装样子，以示对主人的尊重。除了主人向集体敬酒，来宾也可以向集体敬酒。无论是主人还是来宾，如果是在自己的座位上向集体敬酒，就要求首先站起身来，面带微笑，手拿酒杯，面朝大家。来宾的祝酒词可以说得更简短，甚至一两句话都可以。比如：“各位，为了以后我们的合作愉快，干杯！”

平时涉及礼仪规范内容更多的还是普通敬酒。普通敬酒就是在主人正式敬酒之后，各个来宾和主人之间或者来宾之间可以互相敬酒，同时说一两句简单的祝酒词或劝酒词。别人向你敬酒的时候，要手举酒杯到双眼高度，在对方说了祝酒词或“干杯”之后，再喝。喝完后，还要手拿酒杯和对方对视一下，这一过程才结束。宴会上相互敬酒表示热烈的气氛，但切忌饮酒过量，一般应控制在本人酒量的 1/3 以内，不可饮酒过量失言失态。如不能喝酒，可以礼貌地声明，但不可以把杯子倒置。

在中餐里，干杯前，可以象征性地和对方碰一下酒杯；碰杯的时候，要注视对方，以示敬重友好。应该让自己的酒杯低于对方的酒杯，表示你对对方的尊敬。用酒杯杯底轻碰桌面，也可以表示和对方碰杯。当你离对方比较远时，完全可以用这种方式代劳。如果主人亲自敬酒干杯后，要求回敬主人，和他再干一杯。

如果因为生活习惯或健康等原因不适合饮酒，也可以委托亲友、部下、晚辈代喝或者以饮料、茶水代替。作为敬酒人，应充分体谅对方，在对方请人代酒或用饮料代替时，不要非让对方喝酒不可，也不应该好奇地“打破砂锅问到底”。要知道，别人没主动说明原因就表示对方认为这是他的隐私。

和中餐不同的是，西餐用来敬酒、干杯的酒，一般都用香槟。而且，只是敬酒不劝酒，只敬酒而不真正碰杯。也不可以越过自己身边的人和相距较远者祝酒干杯，尤其是交叉干杯。

7．离席

一般不应提前退席。若确实有事需提前退席，也要注意相应的礼仪。不要大声告诉每一个人，只需悄悄地和身边的人打个招呼，而且一定要向主人说明、致歉后方可离席，但切勿与其长聊，因其还有其他客人要招呼，不可因你而对其他人失礼。有些人中途离席时会一一询问自己认识的人是否一起走，这种做法会使原本热闹的场面冷却，甚至提前散场，这种行为是不被谅解的，因此要避免。

8．告辞致谢

正始宴会一般在水果拼盘上桌后即可结束。宴会结束一般先由主人向主宾示意，请其做好离席准备，然后从座位上站起，这是请全体起立的信号。一般以女主人的行动为准，女主人先邀请女主宾离席退出宴会厅。告辞时应礼貌地向主人道谢，称赞主人的周到安排和精美菜肴。通常是男宾先向男主人告辞，女宾先向女主人告辞，然后交叉，再与其他人告辞。

对主人的宴请表示致谢，除了在宴会结束告辞时表示谢意之外，若正式宴会，还可在 2～3 天内以印有“致谢”或“P．R”字样的名片或便函寄送或亲自送达表示感谢。有时私人宴请也需致谢。

三、西餐礼仪

改革开放以来，我国同世界各国的交往日益增多，与外国人的交往也日益频繁。所以，经常与外商交往的职场人士，很有必要了解一些西餐礼仪，以免在宴请外商的场合闹出笑话。

（一）入席的礼仪

在西餐用餐时，人们对于座次的问题十分关注。西餐的座次排列与中餐相比既有相同，也有不同，排列时要多加注意。

1．座位排列的规则

（1）女士优先。在西餐礼仪里，也往往体现女士优先的原则。在排定用餐位次时，主位一般应请女主人就座，而男主人则需退居第二主位。

（2）尊敬主宾。在排定位次时，应请男女主宾分别紧靠着男主人和女主人就座，以便进一步受到照顾。

（3）以右为尊。在排定位次时，以右为尊依旧是基本指针。例如，应安排男主宾坐在女主人左侧，应安排女主宾坐在男主人右侧。

（4）距离定位。西餐上席位的尊卑，是根据其距离主位的远近决定的。居主位近的位置要高于居主位远的位置。

（5）面门为上。它所指的是面对餐厅正门的位子，通常在序列上要高于背对餐厅正门的位子。

（6）交叉排列。西餐中的座次宜交叉排列，这样更有利于广交朋友。依照这一原则，男女应当交叉排列，生人与熟人也应当交叉排列。一个就餐者的对面和两侧往往是异性或不熟悉的人，这样可以广交朋友。

2. 座位排列的具体操作

在西餐用餐时，人们所用的餐桌有长桌、圆桌和方桌，有时还会用桌子拼成其他各种图案。最常见、最正规的西餐桌当属长桌。不同的餐桌，座位排列略有不同。

（1）长桌。以长桌排位，一般有两个主要办法。办法一，是男女主人在长桌中央对面而坐，餐桌两端可以坐人，也可以不坐人。办法二，是男女主人分别就座于长桌两端。某些时候，如用餐者人数较多时，还可以参照以上办法，以长桌拼成其他图案，以便安排大家一道用餐。

（2）圆桌。在西餐里，使用圆桌排位的情况并不多见。在隆重而正式的宴会里，则尤为罕见。其具体安排，基本上是各项规则的综合运用。

（3）方桌。以方桌排列位次时，就座于餐桌四面的人数应相等。在一般情况下，一桌共坐 8 人，每侧各坐两人的情况比较多见。在进行排列时，应使男、女主人与男、女主宾对面而坐，所有人均各自与自己的恋人或配偶坐成斜对角。

（二）西餐餐具使用的礼仪

1. 西餐具的分类

正宗的传统西餐餐具都应是金属制品，分金餐具、银餐具和钢餐具。一般规格越高，其餐具也就越好。西餐具中最复杂的是餐刀、餐叉、餐勺的使用方法。

（1）餐刀。西餐中餐刀有好多种，主要可分为三类：第一类是切肉用的牛排刀，这种刀的锯齿比较明显，主要用于切牛排；第二类是正餐刀，这种刀的锯齿不明显或干脆没有，主要用来配合餐叉切割一些蔬菜、水果等软一些的食品。牛排刀和正餐刀一般平行竖放在正餐盘的右侧；如果牛排刀放在正餐刀的右侧，一般说明牛排要先于其他主菜上桌，反之亦然；第三类是取黄油用的黄油刀，这种刀比较小一些，一般摆放在黄油盘或面包盘中。

（2）餐叉。餐叉与餐刀相似，西餐中也有很多种，其中最常见、常用的是沙拉叉、正餐叉和水果叉。这三种叉中最小的一个就是水果叉，横放在正餐盘的上方，主要用来吃水果或者甜品。其次就是沙拉叉，也叫冷菜叉，主要用来吃沙拉和冷拼。最大的一个是正餐叉，用来吃正餐热菜。

（3）餐勺。餐勺最常见的有三种：一是正餐勺，勺头是椭圆形的，主要是在吃正餐、主食等时使用，起到辅助餐叉的作用。二是汤勺，一般是圆头，主要用来喝汤。这两种勺子一般平行竖放在餐刀的右侧，汤勺放在正餐勺的外侧。三是甜品勺，一般平放在正餐盘的上方，主要用来吃甜品，大小要明显小于正餐勺或汤勺。

2．西餐具的使用方法

刀叉并用是西餐的典型特征，左叉右刀是西餐的基本原则。餐刀、餐叉和餐勺的拿法有着严格的要求。

（1）餐刀的拿法。右手拿刀，手握住刀柄，拇指按着柄侧，食指则压在柄背上。不要把食指伸到刀背上，除了用大力才能切断的菜肴，或刀太钝之外，食指都不能伸到刀背上。另外，不要伸直小指拿刀，有的女性以为这种姿势才优雅，其实这是错误的。刀是用来切割食物的，不要用刀挑起食物往嘴里送。

（2）餐叉的拿法。餐叉的拿法有背侧朝上及内侧朝上两种，要视情况而定。背侧朝上的拿法和刀子一样，以食指压住柄背，其余四指握柄，食指尖端大致在柄的根部，若太前方，外观不好看，太往后，又不太能使劲，硬的食物就不容易叉进去。叉子内侧朝上时，则如铅笔拿法，以拇指、食指按柄上，其余三指支撑柄下方。拇指和食指要按在柄的中央位置，如果太靠前，会显得笨手笨脚。左手拿叉，叉齿朝下，叉起食物往嘴里送，如果吃面条类软质食品或豌豆等食物叉齿可朝上。

餐叉捡起食物入嘴时，牙齿只碰到食物，不要咬叉，也不要让刀叉在齿上或盘中发出声响。吃体积较大的蔬菜时，可用刀叉来折叠、分切。较软的食物可放在叉子平面上，用刀子整理一下。

使用刀叉要注意：不要动作过大，影响他人：切割食物时，不要弄出声响；切下的食物要刚好一口吃下，不要叉起来一口一口咬着吃；不要挥动刀叉讲话，也不要用刀叉指人；掉落到地上的刀叉不可捡起再用，应请服务员换一副；不管任何时候，都不可将刀叉的一端放在盘上，另一端放在桌上。

西餐讲究的是安静的环境和高雅的氛围，除了物品等不要碰的砰砰作响外，说话者的音量也应适度降低。有时，刀叉的摆放可以取代语言而传递信息，即为“刀叉语言”。

如果在就餐中，需暂时离开一下，或与人交谈，应放下手中的刀叉，刀口向内、叉齿向下，呈“八”字形状放在餐盘上。它表示：菜尚未用毕。但要注意，不可将其交叉放置呈“十”字形状。西方人认为这是令人晦气的图案。如果吃完了，或者不想再吃了，可以刀口向内，叉齿向上，刀右、叉左并排放在餐盘上。它表示：不再吃了，可以连刀叉带餐盘一起收走。

（3）餐勺的拿法。除了不同的餐勺用于进食不同菜品外，进餐时不可将整个餐勺全部放入口中，应以其前端入口。餐勺使用后，不要再放回原处，也不要将其插入菜肴或“直立”于餐具中。

西餐餐具最基本的使用方法是“从外到里”使用各种餐具，一般先用最外侧的刀、叉、勺，逐步到最内侧的刀、叉、勺。在具体的操作方法上，分为欧式和美式两种：

（1）欧式用法。欧式的刀叉用法，又称英式用法。其最主要的特征是右手拿刀，左手拿叉，叉齿向下。进餐过程中，这个位置基本不变。左手的叉负责将食品送入口中，右手的餐刀负责将菜切开或者将菜推到叉子的叉背上，而且是每吃完一口再切一次，或者说切一块吃一块。

（2）美式用法。美国式的刀叉用法比较复杂。其使用方法分切菜和入口两个部分。切菜时右手拿刀，左手拿叉，叉齿向下，这与欧式相同。但是切完菜之后，就把右手中的刀平放到餐盘顶端，然后把叉子从左手换到右手，叉齿向上，如同铲子，将切好的食品送入口中。每吃完一口，然后又将右手中的叉倒回左手，用右手将刀从盘中拿起，割取食物。为了简单一些，也可以先将所有的菜都切好，然后餐叉倒到右手后再慢慢用餐。

此外，餐巾的使用也有讲究。一般来说，餐巾放在餐盘的正中或左侧，或者折叠出花形插放在杯中。大家坐下后，可以将餐巾放在胸前下摆处，不要将餐巾扎在衬衣或皮带里；或者餐巾可以平铺到自己并拢的大腿上。如果是正方形的餐巾，应将它折成等腰三角形，直角朝向膝盖方向；如果是长方形餐巾，应将其对折，然后折口向外平铺在腿上。餐巾的打开、折放应在桌下悄然进行，不要影响他人。

餐巾有保洁作用，防止菜肴、汤汁落下来弄脏衣服；也可以用来擦嘴，通常用内侧，但不能用其擦脸、擦汗、擦餐具；还可以用来遮掩口部，在需要剔牙或吐出嘴中的东西时，可用餐巾遮掩，以免失态。如果餐巾掉在地上，应另要一块，然后将地上的捡起来。

就餐过程中，将餐巾叠好，放在座位上或者座位椅背上，表示暂时离开席位。而将餐巾放在餐盘的右侧，或者餐盘上，则表示进餐完毕。西餐介绍时最好把餐巾整齐地叠好，而不是随手胡乱放在桌上。

（三）上菜的礼仪

西餐里的各道菜肴按既定的顺序进食，而且在具体的品尝方法上均有所不同。以下是西餐里常见的头盘、面包、汤、主菜、点心、甜品、果品等的具体吃法。

1. 头盘

西餐的第一道菜是头盘，也称为开胃菜。开胃菜多以色拉为主，有时也会上一些海鲜或果盘。

（1）色拉。吃色拉时，通常只宜使用餐叉，这是因为色拉在上桌前，均已切割完毕，无须再煞有介事地去“大动干戈”，持刀大切。

（2）海鲜。开胃菜里的海鲜主要有鲜虾、牡蛎、蜗牛。吃小虾时，可以叉取食。吃大虾时，则应先用手剥壳，再送入口内。有时也可以叉取食，但不必切割。吃牡蛎时，应采用专门的餐叉，一只一只地吃。吃带壳的蜗牛，可先用专门的夹子将肉夹出食之，然后再吮吸壳内的汤汁。

2. 面包

西餐中的面包主要有鲜面包、烤面包两种。二者在吃法上小有差别，对此应予以注意。

鲜面包的正确吃法是：用左手拿大小适当、刚巧可以一次入口的一小块，涂上黄油、果酱或蜂蜜后，再送入口中。吃未烤的切片面包，也可以这样一小块一小块撕着吃。

吃烤面包时，可配以黄油、鱼子酱，慢慢地咬着吃。无论哪种吃法，都不能用它蘸汤或擦盘子。

3. 汤

喝汤应以右手持握汤勺，由近而远，向外侧将汤舀起。然后就嘴而食之。倘若以盘盛汤，盘内之汤所剩无几时，可以左手由内侧托起盘子，使其外倾，然后以右手持勺舀之。喝汤时，要做到三不：第一，不端起汤来喝；第二，不趴到汤盆、汤盘上去吸食；第三，不用嘴吹汤，或者用盆、盘或汤匙去反复折汤降温。

4. 主菜

西餐的主菜花样甚多。冷菜里的冻子、泥子，热菜里的鱼、鸡、肉最为多见，下面就对其分别加以介绍。

（1）冻子，即用煮熟的食物和汤汁冷却凝结而成的一种菜肴。最常见的冻子有肉冻、鱼冻和果冻。吃冻子时，须以刀切割，以叉取食。

（2）泥子，通常指的是以虾、蟹或动物的肝、脑为主料，配以鸡蛋、芹菜，加上佐料，搅拌而成的一种菜肴。吃泥子时，应主要使用餐叉。

（3）鱼。西餐中所吃的鱼，往往骨、刺很多。必要的时候，可先用餐刀将其切开，轻轻将骨、刺剥出后，再把它切成小块，以叉入口。对不想吃的鱼皮，亦可照此处理。要是鱼的腥味太重，可吃前用手挤上一点柠檬汁。

（4）鸡。吃鸡的时候，切勿直接下手操练，而须先设法去骨后，再以刀叉切割成小块，而后分而食之。

（5）肉。在西餐里，肉菜往往指的是猪、牛、羊肉。平常所说的主菜，往往只与肉菜画等号。在肉菜里，牛排、羊排、猪排，尤其是牛排，经常处于“重中之重”的位置。吃肉菜时，一般要从左往右，以大小一次入口适度为宜，将其以刀叉切割进食。

5．点心

在西餐里，经常吃的点心有饼干、馅饼、三明治、通心粉、土豆片、烤土豆等。

（1）饼干。吃饼干时，应当用右手单独拿着吃。吃蛋糕时，亦须如此。

（2）馅饼。吃馅饼时，应当先用刀叉切成大小适当的小块，然后再用右手托着吃。

（3）三明治。一般应当用双手捧着吃三明治。如果它不太大，则可仅用右手捏着吃。

（4）通心粉。通心粉，又叫意大利面条。吃它的时候，不应一根一根挑着吃。标准的方法是右手握叉，在左手所握的汤勺的帮助下，把它缠绕在餐叉上，然后入口而食。吸食它的做法，也是不对的。

（5）土豆片。油炸土豆片，在西餐里多被用作点心。吃它的时候，应以手取食。但数量不要过大，也不要先捏碎而吃。

（6）烤土豆。烤土豆大都是连皮一起上桌的。吃的时候，应用左手轻按住它，右手持刀先在其上切个口子，令其散热。过一会儿，再用餐叉从口子里取食之。必要的话，还可略作切割之后再吃。还可浇上一些专用的肉汁再吃。

6．甜品

西餐里最常见的、最受欢迎的甜品有布丁、冰激凌等。其食用方法分别为：

（1）布丁。西餐里上桌的布丁一般是流质的，故不应直接以手取食，或以刀叉助餐，而是以专用的餐匙取食之。

（2）冰激凌。在西方国家里，冰激凌是正餐必备的主要甜品，而非可有可无的一种冷饮。冰激凌上桌时，通常被置于专用的高脚玻璃杯内，应以餐匙食之。

7．果品

西餐所提供的水果有干果、水果之分，不过水果是最常见的。以下分别介绍一下常见水果的食用方法。

（1）草莓。普通的草莓，可用手取食，沾些糖或酸奶油也可以。吃带调味汁的草莓，则必须使用餐匙。

（2）菠萝。吃菠萝时，首先应当将其切割成小块，然后再以餐叉进食。不要用手抓食，或举而咬食。

（3）苹果。最正规的吃苹果的方法是先切成大小相仿的四块，然后逐块去皮，再以刀叉食之。不过现在绝大多数人，都是用手拿着去皮的小块苹果直接吃。

（4）香蕉。对付整只的香蕉，应先剥除其外皮，再用刀叉切成小段，逐段食之，一般不应当一边用手拿着剥皮，一边慢慢咬着吃。

（5）橙子。吃橙子有两种方法。正规的吃法，是先用刀除去其外皮，再用刀叉将其内皮剥离，然后用刀叉分瓣而食。大众的吃法，则是在用刀去皮后，切成几小块，然后用手取食。

（6）葡萄。吃葡萄时，可取过一小串，一粒一粒用手揪下来吃。其皮、核，可先悄然吐入手中，再转移至餐盘内。吃果盘内不成串的单粒葡萄时，则宜以餐叉相助取食。

四、西餐的饮酒礼仪

西餐酒水礼仪主要涉及酒水的种类、酒水的饮用以及酒会的规则 3 个问题。

（一）酒水的种类

（1）啤酒。啤酒又叫作麦酒，它是用大麦和啤酒花为主要原料，经过发酵制成的酒类。根据工艺的不同，又有生啤、熟啤之分，黄啤、黑啤、红啤之别。饮用啤酒，一般采用专用的倒三角形或带把的啤酒杯。饮用它的最佳温度，在 7℃左右，所以不要加冰或久冻。

（2）葡萄酒。葡萄酒是以葡萄为原料，经过发酵酿造而成的一种酒类。根据其糖分含量的不同，又将葡萄酒分为干、半干、微干、微甜、半甜、甜等几种。葡萄酒不仅可以佐餐，而且可以单独饮用。喝不同的葡萄酒，在温度上有不同的要求。白葡萄酒宜在 7℃左右饮用，故应当加冰块。而红葡萄酒在 18℃左右饮用最佳，故不宜加冰块。

（3）香槟酒。香槟酒也叫作发泡葡萄酒或者“爆塞酒”。饮用香槟需用郁金香型的高脚玻璃杯，并应以手捏住杯脚。

（4）白兰地酒。白兰地酒也为葡萄酒大家族里的一员，它是用葡萄酒发酵之后精制而成的，故又叫作蒸馏葡萄酒。

（5）威士忌酒。威士忌酒是以多种谷物发酵酿造而成的烈性蒸馏酒。威士忌酒可以干喝，不过加入冰块、苏打水或姜汁后，其味道更好。

（6）鸡尾酒。鸡尾酒并非某一种类酒，而是一种混合型的酒。饮用鸡尾酒，为了便于观赏其独具特色的丰富色泽，最好用高脚广口的玻璃杯去盛放鸡尾酒。

（二）西餐的酒水搭配

西餐所用的酒水可以分为餐前酒、佐餐酒和餐后酒 3 种。

- 餐前酒又叫开胃酒，在用餐之前饮用，或在吃开胃菜时饮用。通常作为开胃酒的有鸡尾酒、威士忌和香槟酒。
- 佐餐酒，是在正式用餐期间饮用的酒水。西餐的佐餐酒均为葡萄酒，选择佐餐酒的一条重要原则是“红配红，白配白”，即红葡萄酒配红肉，白葡萄酒配白肉。红肉指的是猪、牛、羊肉，白肉指的是鱼肉、海鲜。
- 餐后酒，是餐后用来助消化的酒水。常用的有利口酒、白兰地酒。

五、西餐要求与禁忌

总体礼仪要求

吃西餐时，尤其是参加正式的西餐宴会时，需谨记的礼仪要求主要有以下 4 条：

1. 衣着考究

在吃西餐时，特别是在赴宴时，西方人非常讲究个人的穿着打扮。若是不谙此道，或明知故犯，既会为人轻视，也会失礼于人。

根据用餐规模、档次的不同，用餐时的衣着也不尽相同。大体上说，可有礼服、正装、便装之分。

（1）礼服

西式的礼服，男装为黑色燕尾服，扎领结；女装则为拖地袒胸长裙，并配长筒薄纱手套。其他国家的人士，可本民族的盛装，如我国的中山装、旗袍，代替西式礼服。目前，在隆重的宴会上，往往要求穿礼服。

（2）正装

在普通的宴会上，通常要求穿正装。在一般情况下，正装指的是深色，特别是黑色或藏蓝色的套装或套裙。要注意的是，男装不要色彩过淡、过艳，女装则切勿过短、过小。

（3）便装

在一般性的聚餐时，可以穿便装。这里所谓的便装，是有严格界定的。即男士可穿浅色西装，或仅穿单件的西装上衣。女士则可以穿时装，或是以长西裤代替裙装。但是，绝对不能随心所欲地乱穿一通。

不管穿什么服装，在用餐时都不允许当众整理衣饰，例如，不准脱外套、换衣服、松领带、解腰带、拉袜子、脱鞋子等。

2．举止高雅

由于正统的西餐礼仪出自古代宫廷，并且相沿已久，故此其程式化的规定极多。其中最重要的，是要求用餐者严格约束个人举止。力求使之高雅动人。所以有人曾说：吃中餐，主要是吃美味佳肴。而吃西餐，则主要是在“吃”风度和气氛。

对国人而言，在用餐时要检点个人举止，重点是要注意在下述诸方面表现良好。

（1）进食禁声

用餐之际，不论有意还是无意，吃东西还是喝东西，绝对都不要弄出声来，更不要搞得铿锵作响。西方人认为，唯独缺乏教养者，才会在进食时出声作响。

（2）防止异响

除用餐以外，体内的任何声响，不管是咳嗽、打喷嚏，还是打嗝、放屁，都应自觉控制，不要当众出丑。另外，在就座、用餐时，也不要把座椅、餐桌、餐具弄出怪异之声来。

（3）慎用餐具

在用餐时，务必要正确使用各种餐具，不懂可以现场观摩他人，尤其是女主人的做法，不要贻笑大方。不要把餐具用作他用，尤其是不要以之相互敲击，或指点别人。

（4）正襟危坐

就座时，应从左侧进入，并使身体与餐桌保持两拳左右的距离。上身要呈挺拔之态，不要东倒西歪。双手不要支在桌上，或藏于桌下，而应扶住桌沿。双腿切勿乱伸，别忘了自己的对面与两侧皆为异性。

（5）吃相干净

在用餐时，要维护环境卫生。并注意个人卫生。不要吃得自己“四处开花”，身上、脸上到处“留痕”，也不要把餐盘、餐桌和地面上弄得一塌糊涂。

3．尊重妇女

如果说中餐礼仪讲究尊重长者的话，那么，尊重妇女是西餐礼仪的一大特点。西餐礼仪里所讲的尊重妇女，并非纸上谈兵，而是广泛地融入了可操作层次。

通常，尊重妇女这一要求，主要体现于下列3个方面。

（1）礼待女主人

在西餐宴请活动中，女主人往往处于“第一顺序”。其具体表现是：女主人要坐主位，由女主人“宣布”用餐开始或结束等。用西餐时，让女主人忙里忙外，到处张罗，甚至难以入席的情况，是绝对见不到的。

（2）照顾女宾客

在吃西餐时，不论是否相识，男士都有扮演“护花使者”的义务，要处处积极、主动地对女士多加照顾。比如，在用餐之前，要帮助其存外套，或寻位就座。在用餐期间，要帮助女士取菜，拿调味品，并陪其交谈等。

（3）不用女侍者

正规的西餐馆里，绝对讲究“女尊男卑”，所以在那里只能见到清一色的男侍迎来送往，忙忙碌碌，却绝对难以见到一名女侍。根据传统，西餐馆是概不使用女侍的。

4．积极交际

参与西餐宴会，除了品尝美食之外，不要忘记进行适当的交际活动。根据西餐礼仪，西餐宴会的主旨，就是促进人们的社交活动。

（1）宾主交际

应邀赴宴时，不要忘记抽空向主人致意，并且最好找一个时间与其叙一叙旧，联络联络感情。不要吃了就走，不把主人放在眼里。

（2）来宾之际

在用餐时，中餐礼仪不提倡多讲话，西餐礼仪却要求人们非谈几句不可。不仅要与老朋友寒暄，还要借机多交一些新朋友。不要只吃不说，或是只找老朋友、年轻貌美的异性交谈，而对其他人不置一词。与周围之人都交谈上几句，才是有礼貌。

西餐宴会的禁忌

（1）用餐时禁止吸烟。
（2）不要跷二郎腿。
（3）不宜在餐厅化妆。
（4）用餐时不要发出响声，即使喝汤也不能发出响声。
（5）不要端着盘子进餐，也不要用刀扎着食物进食。
（6）不要用嘴吹过热的食物，吃进嘴里的东西不可再吐出。
（7）餐具掉了不要自己拾，应由服务员拾起。
（8）食物里有异物，不要大吵大闹，要求服务员换掉即可。
（9）异物入口，用餐巾盖住嘴，吐到餐巾里，再要求换新的餐巾。
（10）餐桌有污渍时，找新餐巾盖住，或找服务员处理。

【实训内容】

项目 1：接待

实训目标：熟悉接待的有关礼节，能够正确运用其礼仪规范。
实训学时：2 学时。
实训地点：实训楼前、电梯间、会议室。
实训方法：学生分组扮演来访团体成员和接待方成员，模拟演示一下情境：
（1）在门口迎接客人。
（2）引导客人前往接待室。
（3）与客人搭乘电梯。
（4）引见介绍。
（5）招呼客人。
（6）为客人奉送热茶。
（7）送别客人。

项目 2：签字仪式

实训目标：掌握签字仪式的程序以及相关礼仪。
实训学时：2 学时。
实训地点：实训室。
实训准备：准备有关签字仪式的道具如文本、文件夹、旗帜、签字笔、签字单、吸水纸、酒杯、香槟酒、横幅、照相机、摄像机、会议桌子等。

实训方法：草拟一份签字仪式的准备方案，布置客厅并模拟演示签字仪式。要求分组进行，学生分别扮演相关角色；参加实训的双方须简单演示见面礼仪，在着装上适当修饰。

项目 3：剪彩仪式

实训目标：掌握剪彩仪式的程序以及相关礼仪。

实训学时：2 学时。

实训地点：实训室。

实训准备：准备有关剪彩仪式的道具如横幅、缎带、剪子、托盘、照相机、摄像机等。

实训要求：既要符合教师设计的背景，又要灵活设计情节，并尽可能将所学的知识点贯通于行动中。每个小组成员均要参与，分别扮演规定的角色，着装上举行适当修饰。

实训方法：布置客厅并模拟演示签字仪式。

项目 4：参加中餐宴会活动

实训目标：掌握中餐宴会的桌位和座次要求。

实训学时：2 学时。

实训地点：实训室。

实训准备：背景资料、材料（气球、彩带、花束）、餐桌、餐具、数码摄像机或数码照相机等。

实训方法：以 5～6 个人为单位，团体分工合作分别展示餐厅会场布置、餐桌摆放、座次牌摆放，说明这些设计摆放的理由。然后用数码摄像机（或数码照相机）记录整个过程，在大屏幕回放，学生自我评价，授课教师点评学生存在的个性和共性问题，最后评选“最佳设计团队”。

项目 5：参加西餐宴会活动

实训目标：掌握西餐宴会的礼仪要求。

实训学时：2 学时。

实训地点：实训室。

实训准备：背景资料、西餐餐具、宴会桌、椅子、桌布、酒杯等。

实训方法：将学生分为不同的小组，12～15 人为一个团体分别扮演男女主人、宾客等不同角色参加宴会，并坐在一张餐桌上，使用不同的餐具。说明这些餐具摆放使用的程序和理由。然后用数码摄像机（或数码照相机）记录整个过程，在大屏幕回放，学生自我评价，授课教师点评学生存在的个性和共性问题。最后评选“最佳服务先生”和“最佳服务小姐”。

【案例讨论】

案例一

一天，刘某正在上班，一个事先预约的客户到了，刘某在获得经理许可后，要将该客户带到经理办公室。她像平时和经理走路一样，走在客户后方，用语言提示客户上下楼，左右转，到达经理办公室。刘某推开房门，站在门口对客户施请进礼，然后一声不吭地就关上门，离开经理办公室。刘某没注意到经理和客户都暗暗皱起了眉头。

请分析刘某的不妥之处并提出改进意见。

案例二

A公司市场拓展部的陈经理拜访B集团的王总经理，王总经理的会议暂时还没有结束，唐秘书接待了陈经理。唐秘书将陈经理领入接待室准备奉茶。唐秘书将茶托上倒放的茶杯放好，将茶盒里的乌龙茶对准茶杯抖了几下，少部分茶叶散落在茶杯外，唐秘书慌慌张张地用手把桌上散落茶叶抹进垃圾桶。接着，唐秘书将开水加满于茶杯，由于杯身太烫，唐秘书只得用右手的五指握住茶杯口，小心翼翼地将茶送到陈经理面前，陈经理看着唐秘书的举动心中略有不悦，但没说话。唐秘书一边弯腰放下茶杯一边说“这是乌龙茶，请慢用。”陈经理看见茶杯内壁的一圈褐色茶渍，不由得皱起了眉头，“我不喝乌龙茶，谢谢!”

请指出唐秘书的不当之处。

案例三

深州宏大科技有限公司召开了一次全国客户联络会，公司的江总经理带着秘书于小慧亲自驾车到机场迎接来自香港某集团的季总经理。为了表示对季总经理的尊敬，江总把季总请到后排左座，并让于秘书在后排作陪。季总到宾馆入住后，对于秘书说，明天上午九点开会，我会准时到现场，就不麻烦你们江总亲自来接了。

请指出江总的不当之处。

接待礼仪自测

测试内容	测试细节	是否完成
迎客	对所有的客人都是面带微笑	
	遇到客人后，马上接待或引导	
	根据不同情况，区别对待	
	接待客人时，将客人姓名、公司名称、事件正确传达给他人	
	双手接收名片	
	接收名片时，认真看过一遍	
待客	引路时照顾到客人的感受	
	转弯时提醒客人注意	
	了解在电梯内如何引导客人	
	在电梯内告知客人所要去的地方和楼层	
	进入会客室时前正确敲门	
	了解开门、引导客人的顺序	
	保持会客室的清洁	
	了解会客室主座的位子	
	让客人入主座	
	使用茶具保持清洁	
	客人久等时，中途出来向客人表达歉意	
	给正在接待客人的人传话时使用便条	
送客	送客人时，直到看不见客人背影后才离开	

附件 1　图片

图 3-1-1-1　垂臂式站姿正面

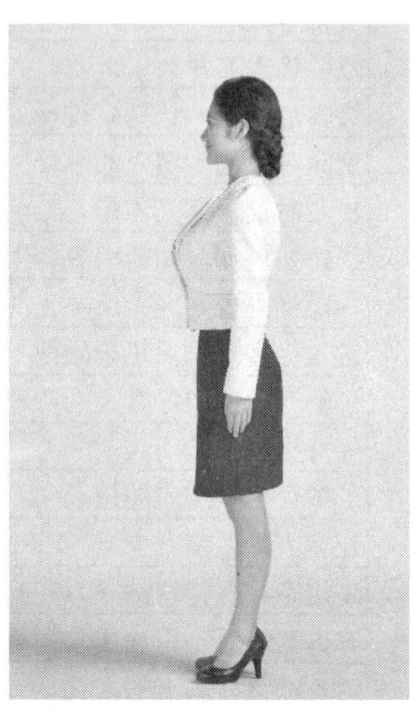

图 3-1-1-2　垂臂式站姿侧面

图 3-1-2-1　前腹式站姿正面

图 3-1-2-2　单手前腹式站姿

图 3-1-3-1　单手后背式站姿

图 3-1-3-2　单手手背式站姿

图 3-2-1-1　端坐正面

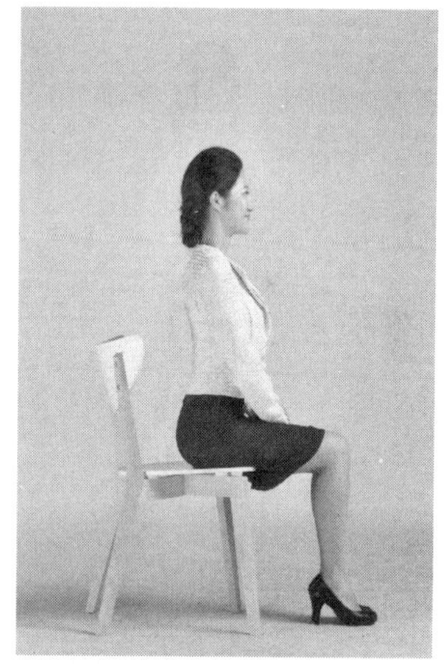

图 3-2-1-2　端坐侧面

图 3-2-2-1　正交叉式正面

图 3-2-2-2　斜交叉式坐姿正面

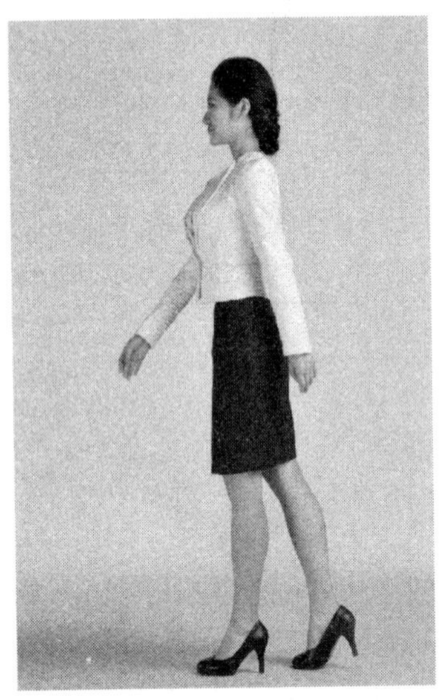
图 3-3-1-2　走姿侧面

图 3-4-1-1　高低式蹲姿正面

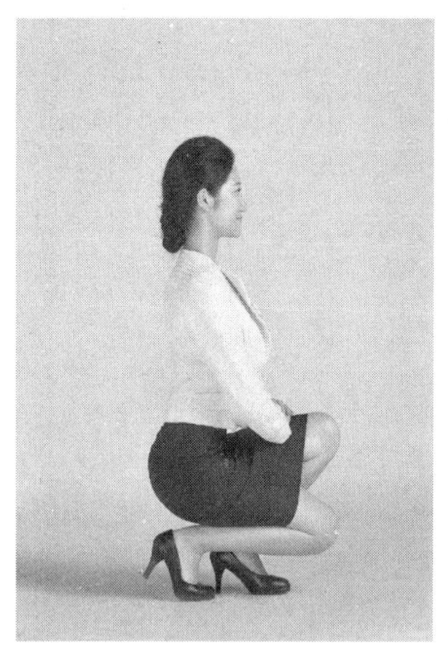

图 3-4-1-2 高低式蹲姿侧面

图 3-4-2-1 交叉式蹲姿正面

图 3-5-1-1 15°鞠躬正面

图 3-5-1-2 15°鞠躬侧面

图 3-5-1-3　30°鞠躬正面

图 3-5-1-4　30°鞠躬侧面

图 3-5-1-5　45°鞠躬正面

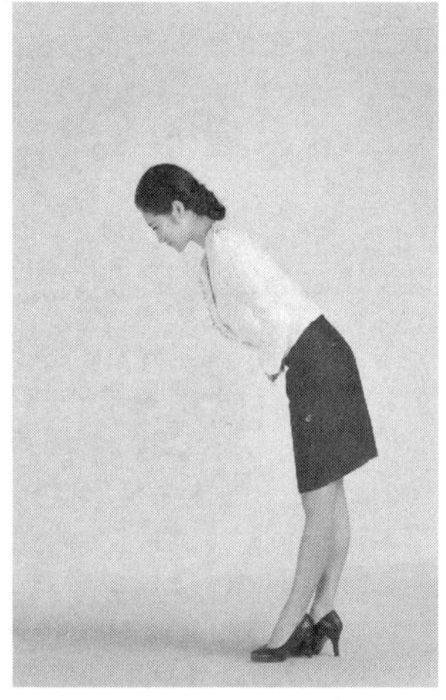

图 3-5-1-6　45°鞠躬侧面

图 3-5-1-7　90°鞠躬正面

图 3-5-1-8　90°鞠躬侧面

图 3-6-1-1　横摆式手姿

图 3-6-2-1　直臂式手姿

图 3-6-3-1　曲臂式手姿

图 3-8-1-1　平视

图 3-8-1-2　仰视

图 3-8-1-3　俯视

（此部分图片均为编者实拍，经本人同意采用。）

附件 2　礼仪基础知识自测题

1．（　）曾说过：“人无礼则不立，事无礼则不成，国无礼则不宁”。

A．荀子　　B．孔子　　C．老子　　D．孟子

2．穿西服套裙时，应（　）。

A．穿短袜　　B．穿彩色丝袜　　C．光腿　　D．穿肉色长筒丝袜

3．佩戴首饰原则上不应超过（　）件。

A．五　　B．四　　C．三　　D．二

4．公务员着装时全身服装的色彩不应超过（　）种。

A．二　　B．三　　C．四　　D．五

5．男子与妇女握手时，应只轻轻握一下妇女的（　）。

A．指尖　　B．手掌　　C．手指　　D．手腕

6．接电话时，拿起话筒的最佳时机应在铃声响过（　）之后。

A．一声　　B．两声　　C．四声　　D．五声

7．穿西服时，最理想的衬衫颜色是（　）。

A．蓝色　　B．白色　　C．灰色　　D．咖啡色

8．一位女士拥有 5 枚戒指、3 条手链、4 条项链、2 副耳环，则她应该（　）。

A．全部佩戴　　B．各佩戴一件

C．佩戴某一类的全部　　D．佩戴总共不超过 3 件

9．国际交往中，涉及位置的排列，原则上都讲究（　）。

A．左尊右卑　　B．右尊左卑

C．左右一样　　D．不同场合不同尊卑

10．根据礼仪规范，在握手时，由（　）首先伸出手来“发起”握手。

A．年幼者　　B．晚辈

C．下级　　D．尊者决定

11．握手有伸手先后的规矩，以下正确的是（　）。

A．晚辈与长辈握手，晚辈应先伸手

B．男女同事之间握手，男士应先伸手

C．主人与客人握手，一般是客人先伸手

D．电视节目主持人邀请专家、学者进行访谈时，主持人应先伸手

12．出入无人控制的电梯时，陪同人员应该（　）。

A．先进后出　　B．控制好开关钮

C．以上都包括　　D．以上都不对

13．在引导客人上下楼梯时，符合礼仪要求的是（　）。

A．上楼时让领导、来宾走在前方，下楼时将相反

B．上楼时让领导、来宾走在后方，下楼时一样

C．上下楼时都让领导，来宾走在前方

D．上下楼时都让领导，来宾走在后方

14．在商务礼仪中，男士西服如果是两粒扣子，那么扣子的系法应为（　）。

A．两粒都系　　B．系上面第一粒

C．系下面一粒　　D．全部敞开

15．打电话时谁先挂，交际礼仪给了一个规范的做法（　）。

A．对方先挂　　B．自己先挂

C．地位高者先挂电话　　D．以上都不对

16．名片是现代商务活动中必不可少的工具之一，下列做法正确的是（　）。

A．为显示自己的身份，应尽可能多地把自己的头衔都印在名片上

B．为方便对方联系，名片上一定要有自己的私人联系方式

C．在用餐时，要利用好时机多发名片，以加强联系

D．接过名片时要马上看并读出来，再放到桌角以方便随时看

17．在正常情况下，每次打电话的时间应当不超过（　）。

A．1 分钟　　B．2 分钟　　C．3 分钟　　D．5 分钟

18．西餐中以（　）为第一顺序。

A．男主人　　B．女主人　　C．男客人　　D．女客人

19．菜未吃完而中途离开，可以将餐巾放在（　）。

A．桌面上　　B．椅子背上　　C．椅子面上　　D．随手带着

20．西餐进餐时，中途离开可将刀叉放成（　）。

A．八字形　　B．二字形　　C．十字形　　D．随意形状

21．13 与星期五在（　）中是不吉利的。

A．天主教　　B．佛教　　C．基督教　　D．伊斯兰教

22．从礼仪的角度出发，点烟时一支火柴最多点（　）烟就该熄灭。

A．一支　　B．两支　　C．三支　　D．四支

23．在对外交往中，女士切勿穿（　），在国际社会里，此乃“风尘女子”之

标志。

A．红色百褶裙　　B．颜色过于艳丽的裙子

C．黑色皮裙　　D．牛仔裙

24．“一米线”服务是（　）提出的。

A．商店礼仪　　B．银行礼仪

C．宾馆礼仪　　D．企业礼仪

25．商界男士所穿皮鞋的款式应是（　）。

A．系带皮鞋　　B．无带皮鞋

C．盖式皮鞋　　D．拉锁皮鞋

26．穿着西装，纽扣的扣法很有讲究。穿（　）西装，不管在什么场合，一般都要将扣子全部扣上，否则会被认为轻浮不稳重。

A．两粒扣　　B．三粒扣

C．单排扣　　D．双排扣

27．介绍两人相识的顺序一般是（　）。

A．先把上级介绍给下级　　B．先把晚辈介绍给长辈

C．先把客人介绍给家人　　D．先把早到的客人介绍给晚到的客人

28．在较正式的场合里，有长者、尊者要到来或离去时，在场者应（　）。

A．微笑致意　　B．起立致意

C．举手致意　　D．点头致意

29．放手机的常规位置有：一是随身携带的公文包里（这种位置最正规）；二是（　）。

A．手里拿着　　B．裤子的口袋

C．上衣的内袋里　　D．腰带里卡着的手机套

30．在商务交往中，使用称呼应该（　）。

A．就低不就高　　B．就高不就低

C．适中　　D．以上都不对

31．在商务会餐中，贵宾的位置应安排在（　）。

A．主人的左侧　　B．主人的右侧

C．主人的对面　　D．都可以

32．在马路上行走时，一般（　）。

A．女士或长者走在右侧，男士或年轻者行于靠近车辆的一侧

B．女士或长者走在靠近车辆的一侧，男士或年轻者行于右侧

C．两者皆可

33．在我国，由专职司机驾驶的专车（小轿车），其贵宾专座是（ ）。

A．副驾驶座 B．后排右座

C．后排左座 D．后排中座

34．在商务活动中，与多人交换名片应讲究先后次序，正确的次序是（ ）。

A．由近而远 B．由远而近

C．左右同时进行 D．无所谓

35．接受别人递给你名片之后，你应把它放在（ ）。

A．名片夹里或者上衣口袋 B．西装内侧的口袋里

C．裤袋里面 D．钱包里

36．社交场合男女握手时，应当由（ ）先伸手。

A．男士 B．女士

C．无所谓

37．双边会谈中，通常用长方形、椭圆形或圆形桌子，宾主相对而坐，以正门为准，主人应坐在（ ）。

A．面门一侧 B．背门一侧

C．均可

38．女士携带的手提包，在正式宴会就餐期间应（ ）。

A．放在背部与椅背之间 B．挂在自己椅子的靠背上

C．挂在衣架上 D．放在自己大腿上

39．在西餐厅就餐时，应该（ ）。

A．由椅子的左侧入座 B．由椅子的右侧入座

C．以上两种都可以

40．在西餐的进餐过程中，如果吃的是全鱼，在吃完鱼的上层后，应该（ ）。

A．用刀叉剔除鱼骨，继续吃鱼的另一面

B．将鱼翻身，继续吃鱼的另一面

C．以上两种都可以

41．在西餐的进餐过程中，要想取用离你稍远的食物或调料时，应该（ ）。

A．与就近的人说明，传递过来

B．自己站立起来，伸手取用

C．离座，走过去取过来

42．西餐中，不同的菜应该与不同的酒相匹配，如果吃的是牛排，那应该饮用（ ）。

A．红酒　　B．白酒

C．香槟　　D．威士忌

43．女士穿着西式套裙时，最佳搭配是（　）。

A．高跟皮鞋　　B．平跟皮鞋

C．凉鞋　　D．高筒靴

44．男士衬衫的袖口长度应该正好到手腕的什么位置为宜？（　）

A．以长出西装袖口1～2厘米为宜

B．以短出西装袖口1～2厘米为宜

C．正好与西装袖口齐平

45．男士衬衣内除了背心之外，最好不穿其他内衣，如棉毛衫之类，如果穿的话，内衣的领圈和袖口应该（　）。

A．不要显露出来　　B．可露出一点

C．露在衬衣的外边

46．行握手礼时，礼貌的伸手方式是伸出右手（　）。

A．手掌与地面垂直　　B．掌心向下倾斜

C．手掌向上倾斜　　D．随意

47．西装袖口外的商标及纯羊毛标记（　）。

A．要拆下　　B．不用拆下

C．应缝牢固　　D．粘在其他地方

48．服务人员为服务对象引导带路时，一般行进在服务对象（　）最为合适。

A．左前方1.5米左右　　B．左前方3米以上

C．右前方1.5米左右

49．（　）座次排列不是商务交往中的基本规则。

A．面门为上　　B．以左为上

C．居中为上　　D．离远为上

50．在西装不系纽扣时，领带夹应夹在衬衣的（　）。

A．第二粒和第三粒之间　　B．第三粒和第四粒之间

C．第四粒和第五粒之间

参考书目

[1] 《秘书礼仪》，余平主编，华中科技大学出版社，2012.

[2] 《现代交际礼仪实训教程》，张岩松，唐召英主编，清华大学出版社，2011.

[3] 《商务礼仪》，崔玉环，祝永志主编，高等教育出版社，2012.

[4] 《商务礼仪实务与操作》，孙玲主编，对外经济贸易大学出版社，2010.

[5] 《现代礼仪实务教程》，黄玉萍，王丽娟主编，北京交通大学出版社，2008.

[6] 《商务礼仪与交往艺术》，靳斓著，中国经济出版社，2013.

[7] 《形象 DIY：职场女性形象金钥匙》，陈丽卿著，中国妇女出版社，2008.

[8] 《风靡东方的印象修炼课》，韦甜甜著，中华工商联合出版社，2014.

[9] 《实用礼仪大全》，吕留伟编著，中国纺织出版社，2010.